Gertraud Zimmermann

Freies Arbeiten in der Sekundarstufe

Materialien Mathematik

Kopiervorlagen

Auer Verlag GmbH

Gedruckt auf umweltbewusst gefertigtem, chlorfrei gebleichtem
und alterungsbeständigem Papier.

1. Auflage. 1997
Nach der Neuregelung der deutschen Rechtschreibung
© by Auer Verlag GmbH, Donauwörth. 1997
Alle Rechte vorbehalten
Gesamtherstellung: Ludwig Auer GmbH, Donauwörth
ISBN 3-403-02724-4

Inhalt

Vorwort 4

I Einführung 5

1 Notwendigkeit einer Veränderung des herkömmlichen Unterrichts 5

2 Materialgeleitetes Lernen – eine Form des offenen Unterrichts 5

3 Anforderungen an gute Arbeitsmaterialien 5

4 Persönliche Erfahrungen mit Freiarbeit 6

II Freies Arbeiten in der Praxis .. 7

1 Einsatz im Unterricht 7

2 Tipps zur Herstellung von Freiarbeitsmaterialien 7

3 Regeln für die Freiarbeit 7

4 Unterschiedliche Formen für Arbeitsmaterialien 8
4.1 Domino 8
4.2 Memory 8
4.3 Karten 8
4.3.1 Wendekarten 8
4.3.2 Zuordnung 9
4.3.3 Schnappkärtchen 9
4.3.4 Karteikarten 9
4.4 Würfelspiele 9
4.5 Aufgaben für die Aufgabentasche 9
4.6 Aufgaben auf Hörkassette 10

III Kopiervorlagen Materialien Mathematik 11

1 Spiel: So weit die Zinsfüße tragen! Berechne den Zinsfuß! 11

2 Spiel: Geldmarkt Richtige Kontoführung und -überprüfung sind wichtig! 22

3 Wendekarten: Zinsrechnen Berechne den Zinsfuß und den Jahreszins! Berechne das Kapital und den Zeitzins! 30

4 Spiel: Berechne die Zinsen für eine bestimmte Zeit! 38

5 Spiel: Zinsrechnen mit dem Glückswürfel Zinsen für eine bestimmte Zeit berechnen – richtige Kontoführung .. 44

6 Domino: Zinsrechnen 54

7 Primzahlen-Glücksspiel: Mit Primzahlen eine Zahl erwürfeln und auf dem Spielplan belegen 56

8 Wendekarten: Zerlege die Zahl in Primfaktoren! Wie heißt die Zahl? ... 59

9 Kettenaufgaben auf Hörkassette 67

10 Memory: Rechenzeichen Vorarbeit zum Rechnen mit Termen und Gleichungen 75

11 Hilfekarten: Gleichungen/Terme 82

12 Spiel: Kopfrechenaufgaben zum Errechnen einer Unbekannten in einer Gleichung 88

13 Spiel: Termglück Berechne den Wert des Terms! 98

14 Aufgabenkartei: Textaufgaben zu Gleichungen mit einer Unbekannten (Aufgabe – Lösungsweg – Lösung) .. 103

15 Rechnen mit Hilfe des Speichers – Aufgaben für die Rechentasche 116

16 Zuordnungsaufgaben: Ordne dem Text die richtige Gleichung zu! 122

17 Zuordnungsspiel mit Schnappkärtchen: Aufgaben zum Prozentrechnen 126

Vorwort

Freies Arbeiten erlaubt als eine freiere Organisationsform des Lernens höhere Motivation und in stärkerem Maß selbst verantwortetes Lernen als der herkömmliche Klassenunterricht. Es handelt sich also keineswegs um ziel- oder planlose Aktivitäten, mit denen lediglich die Zeit ausgefüllt wird, sondern um fächer- und materialgebundenes Arbeiten. Die Betonung liegt durchaus auf dem Begriff *Arbeit*.

Durch selbständiges, frei gewähltes Abwechseln von Arbeitstechnik, Arbeitsinhalt, Arbeitsform, Lernstrategie etc. wird „spielend" erreicht, dass mehr Kinder über einen längeren Zeitraum hin konzentriert bei der Sache bleiben als in vielen Stunden, in denen im Klassenverband gearbeitet wird.

Die im Folgenden vorgestellten Kopiervorlagen dürften auch Skeptiker davon überzeugen, wie einfach Freiarbeitsmaterialien herzustellen sind. Die Fülle der beschriebenen Spiele sollte es ermöglichen, für die unterschiedlichsten Klassensituationen geeignete Spiele zu finden.

Ich hoffe, mit dieser Sammlung möglichst vielen Kolleginnen und Kollegen den Start in der Praxis schmackhaft machen zu können. Meist stellen sich mit zunehmender Erfahrung sowieso mehr neue Ideen ein als man Zeit hat, diese zu verwirklichen.

Wahre Begebenheiten aus dem Schulleben

Als eines Tages meine Schüler in nettester Form bettelten, außerplanmäßig Freiarbeit machen zu dürfen, ließ ich mich nach einiger Zeit erweichen, forderte aber, dass sie sich überlegen sollten, warum nicht nur sie, sondern auch ich diese Form des Unterrichts genoss. Die von mir erwartete Antwort, dass ich zu dieser Zeit „nichts" tun müsse, blieb aus. Viele Schüler meldeten sich eifrig. Ich wählte absichtlich einen Schüler aus, der erfahrungsgemäß keine „lehrerfreundlichen" Antworten gab. Seine Antwort „weil Sie sich freuen, wenn wir gern lernen", überraschte mich deshalb um so mehr.

Immer, wenn ich neue Spiele hergestellt hatte, präsentierte ich sie für alle Schüler sichtbar auf meinem Pult. Bei der ersten Gelegenheit kamen interessierte Schüler, um sich am erweiterten Angebot zu bedienen. Voller Freude bot ich ihnen eines Tages die ersten gekauften Spiele an.

Sofort wurden sie von einigen Schülern beschlagnahmt; doch schon nach wenigen Minuten legten sie die Spiele stillschweigend ans Pult zurück. Da dies außergewöhnlich war, fragte ich sie nach dem Grund: „Die gefallen uns nicht! *Unsere* Spiele sind viel schöner!" Dass sie das Wort „uns" so betonten, freute mich besonders, da es ausdrückte, dass sie sich mit den von mir bzw. gemeinsam hergestellten Spielen identifizierten.

Großen Kummer bereitet wohl jedem Lehrer, dass seine Schüler das Einmaleins, ob groß oder klein, nicht beherrschen. Aus diesem Grund bastelte ich kurzerhand ein dazu passendes Würfelspiel, das Igelspiel. Jeden Tag war dieses Spiel im „Einsatz". Während einer Freiarbeitsstunde verfolgte ich den Spielverlauf einer Gruppe, die sich gerade dieses Spiel geholt hatte. Plötzlich wurde es etwas lauter. Ein Spieler, der Mathematik nicht gerade zu seinen Lieblingsfächern zählte, forderte seinen Mitschüler, der voreilig gewürfelt hatte, mit Nachdruck auf: „Warte doch, ich darf erst noch rechnen!"

I Einführung

1 Notwendigkeit einer Veränderung des herkömmlichen Unterrichts

Die Veränderung der Lebensbedingungen in unserer (Leistungs-)Gesellschaft, neue Anforderungen an die Bildungspolitik, die wieder zunehmende Offenheit gegenüber neuen Unterrichtsformen und nicht zuletzt die neuen Hauptschullehrpläne in Bayern und Baden-Württemberg stellen Lehrerinnen und Lehrer vor die Aufgabe, ihren Unterricht neu/anders zu organisieren.

Viele pädagogisch-didaktische, aber auch disziplinäre Probleme müssen tagtäglich bewältigt werden. Natürlich kann im erzieherischen Bereich kein „Patentrezept" angeboten werden; jede Lehrkraft muss dazu ihren persönlichen Weg finden. Wenn man bereit ist, seinen Unterricht zu öffnen, ergeben sich für jeden Lehrertyp individuelle Möglichkeiten der Umsetzung. Wichtig für eine solche Entscheidung ist, dass man sich bewusst für eine der vielen Unterrichtsformen schwerpunktmäßig entscheidet, abhängig von der Persönlichkeit des Lehrers und der ihm anvertrauten Schüler.

Offener Unterricht wendet sich gegen einen einseitig kognitiven Unterricht, gegen die Gängelung von Lehrern und Schülern, gegen das reine Rezipieren und gegen einen ausschließlich lehrerzentrierten Unterricht; offener Unterricht eröffnet vielmehr Möglichkeiten, das oberste Erziehungsziel, die Erziehung zum mündigen Menschen, zu erreichen: Es stärkt die Fähigkeit individuellen Lernens, um den unterschiedlichen Begabungen der Schülerinnen und Schüler gerecht zu werden, motiviert zu überdauernder Lernbereitschaft und fördert durch den Einsatz von verschiedenen Sozialformen sowohl selbständiges Arbeiten als auch die besonders von der Wirtschaft geforderte effektive Teamarbeit.

2 Materialgeleitetes Lernen – eine Form des offenen Unterrichts

Mein Weg, den Unterricht zu öffnen, ist die Praxis der materialgeleiteten Freiarbeit. Vorteile sehe ich vor allem darin, dass ich meine Schüler damit weder über- noch unterfordere, dass die eigentliche „Freiheit" durch das Bereitstellen der Materialien von mir bestimmt oder zumindest eingeschränkt werden kann und dass ich vor allem bei der Übungsarbeit auf die individuellen Bedürfnisse der Schüler reagieren kann.

Gute Freiarbeitsmaterialien haben Aufforderungscharakter und werden von den Schülern freiwillig und gern angenommen. Die oft mühsame Übungsphase wird durch unterschiedliche „Spielformen" und Sozialformen interessant und die ständige Motivation durch den Lehrer erübrigt sich. Da viele der Arbeitsmaterialien auch Hilfestellungen und kindgemäße Lösungswege bieten, kann sich ein „guter" Schüler für ein evtl. kommendes Lernziel vorbereiten bzw. es selbständig erarbeiten.

Materialgeleitete Freiarbeit darf jedoch nicht mit „Stillarbeit" verwechselt werden. Bei der Freiarbeit wählt der Schüler nach seinen Lernbedürfnissen ein geeignetes Material aus und kontrolliert es meist selbständig oder auch mit Hilfe eines Partners. Der Schüler bestimmt also selbst über Ziele und Inhalte seines Lernens, über die Zahl der Wiederholungen, über sein Arbeitstempo, seine Pausen und die Beendigung der Arbeit; der Lehrer hat nur beratende und nach Bedarf helfende Funktion.

Voraussetzung für diese Art von Freiarbeit ist, dass Schüler bestimmte Arbeitstechniken und Sozialformen bereits beherrschen und dass das angebotene Arbeitsmaterial bestimmten Anforderungen entspricht.

3 Anforderungen an gute Arbeitsmaterialien

- Die Arbeitsmittel müssen ansprechend sein und Aufforderungscharakter haben.
- Ohne weitere Anweisung muss sich ein Schüler mit diesem Material beschäftigen können.
- Lernspiele sollten abwechslungsreich, vielfältig sein und unterschiedliche Sinne ansprechen.
- Sie sollten Möglichkeiten bieten, versäumten Stoff eigenständig nachzuholen, aufzufrischen bzw. entdeckendes, forschendes Lernen ermöglichen.
- Das Material sollte einen gewissen Grad an Selbständigkeit verlangen und diese weiter fördern.
- Lernmaterialien sollten selbständiges Arbeiten ermöglichen (Spielregeln ändern, selbst ausdenken, Spiel erweitern, …).
- Sie sollten die Schüler zu ernsthafter Arbeit motivieren.
- Sie müssen sich an den Forderungen des Lehrplans orientieren.

- Sie müssen eine (Eigen-)Kontrolle und auch Zwischenkontrolle ermöglichen.
- Sie sollten hohen Aufforderungscharakter haben (Material, Verarbeitung, Farbe, ...); sie sollten zum „Hantieren" auffordern.
- Sie sollten lange haltbar sein (mit Folie überziehen, wasserfeste Stifte, ...).
- Sie sollten übersichtlich verpackt sein, von außen erkennen lassen, was sich darin befindet.
- Besonders schwierige/leichte Aufgaben sollten für den Schüler erkennbar sein (um Über- oder Unterforderung zu vermeiden).
- Sie sollten verschiedene Arbeitstechniken/ Arbeitsweisen erforderlich machen (Duden, Geometriedreieck, ... zuordnen, abschreiben, lesen, ausschneiden, zeichnen, ...), (Vielfältigkeit).
- Sie sollten unterschiedliche Arbeitsweisen/Sozialformen ermöglichen (Eigen-, Partner-, Gruppenarbeit).
- Aufgaben und Fragestellungen müssen eindeutig und klar verständlich sein.
- Sie sollten, wenn nötig, auf „Hilfen" hinweisen (Hilfekarten mit Beispielen, Mathe-, Rechtschreib- oder Trennungsregeln, ...).
- Sie sollten auch der Interessenslage der Kinder entsprechen.
- Sie müssen so untergebracht, ausgelegt und angeordnet sein, dass die Kinder sie bequem überschauen und erreichen können.

4 Persönliche Erfahrungen mit Freiarbeit

Aus persönlicher Erfahrung kann ich sagen, dass ein höheres Maß an Eigenverantwortung bei manchen Schülern ungeahnte Möglichkeiten aufbrechen lässt. Nach einem aufreibenden 7. Schuljahr in einer sehr schwierigen Klasse stürzte ich mich mit den Schülern im 8. Schuljahr in das Abenteuer „Freiarbeit".

Was mir und meinen Kollegen im übrigen Unterricht kaum gelungen war, erreichte ich schon nach kurzer Zeit im Rahmen der Freiarbeit: Wiederholung des Grundwortschatzes, der Einmaleinsrechnungen, des Bruchrechnens, des gelernten Sachstoffes. Aufsätze etc. wurden bereits nach kurzer Zeit freiwillig, ohne Murren, sogar mit Freude geübt. Auch in sogenannten Freistunden baten mich die Schüler, mit diesem Material arbeiten zu dürfen. Die Lernerfolge blieben nicht aus: größere Selbständigkeit in der Gestaltung der Hefteinträge, Verstehen der Arbeitsaufträge und deren selbständige Durchführung, genaueres Lesen der Fragen bei Probearbeiten. Eine deutliche Verbesserung des Klimas, größere Hilfsbereitschaft untereinander, das aufkommende Gefühl einer Klassengemeinschaft und eindeutig messbare Leistungssteigerungen, z. B. bei genormten Probediktaten, überzeugten Kollegen, Eltern und die Schulaufsichtsbehörde. Nicht zu übersehen war die gewachsene Begeisterung der Schüler bei der Arbeit.

Vielleicht spürten die Schüler auch, dass ich in diesem Bereich keine benotbare Leistung von ihnen erwartete, sondern bereits kleine Fortschritte würdigte. Deshalb waren sie bereit, nach und nach mehr von sich selbst zu fordern – d. h. genau so viel, wie sie gerade zu leisten in der Lage waren. Weder Über- noch Unterforderung hemmte ihre Lernerfolge.

II Freies Arbeiten in der Praxis

1 Einsatz im Unterricht

Nach einigen Jahren praktizierter Freiarbeit habe ich festgestellt, dass sich Schüler vor allem im Übungs- und Festigungsbereich und zur Wiederholung für Schulaufgaben besonders gern mit Freiarbeitsmaterialien beschäftigten. Unterrichtsbegleitende Materialien liegen für alle Schüler sichtbar in einem bestimmten Regal bereit und werden bevorzugt von ihnen ausgewählt. Bei von mir festgestellten „Schwächen" der Schüler gebe ich auf einer schriftlichen Arbeit Hinweise auf bestimmte Lernmaterialien, ihre Bearbeitung ist allerdings (im Normalfall) freiwillig.

Pro Woche werden den Schülern regelmäßig 3 bis 4 Unterrichtsstunden für Freiarbeit zur Verfügung gestellt, die Planung dafür unterliegt jedem in eigener Verantwortung. Eine direkte Kontrolle über die erbrachte Leistung ist nur bei ganz wenigen Schülern erforderlich. Allerdings führen Lob, Ermunterung und Interesse seitens des Lehrers (ohne Notengebung) manche Schüler zu ungeahnter Leistungsbereitschaft und erfreulichen Erfolgserlebnissen.

2 Tipps zur Herstellung von Freiarbeitsmaterialien

Jedes Spiel sollte schülergerecht gestaltet und verpackt werden. In der Praxis heißt das, dass man Spiele in ansprechenden Farben, mit unterschiedlichem Material und mit unterschiedlichen Arbeitstechniken herstellt. Vielleicht lässt sich der eine oder andere Schüler dadurch verleiten, auch sonst gemiedene Lernangebote einmal in die Hand zu nehmen. Vielleicht, um festzustellen, dass das Fach XY gar nicht so schwer ist, auch Spaß machen kann. Angeborene Entdeckerfreude wird ebenso angesprochen. Damit die Spiele, die den Lehrer doch einige Mühe und auch Geld kosten, nicht nur für kurze Zeit erhalten bleiben, schützt man solche Spiele aus Plakatkarton mit einer selbst klebenden Folie. Bei strapazierfähigen Materialien wie Holz, Plastik und Fliesen erübrigt sich dieser Aufwand. Ebenso sollte man die zusätzliche Arbeit einer übersichtlichen Katalogisierung der Materialien auf sich nehmen, weil sich im Laufe der Zeit eine Menge Spiele ansammeln. In der Praxis haben sich Abkürzungen für das Fach und dazu laufende Nummern bewährt (RS 15: Rechtschreibspiel Nummer 15).

Nicht zu vergessen ist die Verpackung der Spiele. Karton, Hülle etc. sollten stabil sein und von außen schon erkennen lassen, was sich darin befindet (z. B.: M 12 Quartett zum Runden von Zahlen). Im Sinne des „Recycling" lassen sich viele Dinge aus unserer „Wegwerfgesellschaft" wieder verwenden. So finden Zigarrenkisten, Pralinenschachteln aus Plastik und Karton, stabile Käseschachteln, Zigarilloschachteln aus Blech, Kaffeedosen usw., auch Plastikverschlüsse, Korken, Knöpfe, Stecknadeln etc. weitere sinnvolle Verwendungsmöglichkeiten. Im Laufe der Zeit wird der Blick eines „Freiarbeitslehrers" für geeignetes Material geschult. Verwandte, Bekannte, Nachbarn und auch die Schüler unterstützen diesen „Sammlertrieb" und sind gern bereit, ihren Beitrag dazu zu leisten. Selbstverständlich halten einige Verlage inzwischen auch ein reichhaltiges Angebot an Roh-, Halbfertig- und Fertigmaterialien bereit. Je nach Großzügigkeit des Rektors, des Schulverbandes oder auch der Eltern kann der persönliche Geldbeutel des Lehrers geschont werden. Wichtig dabei ist, die oben genannten Personen von dieser Sache zu überzeugen und auch deren Begeisterung dafür zu wecken.

Wer mit der Freiarbeit beginnen will, sollte zunächst einmal sein bereits vorhandenes Material unter die Lupe nehmen. Vieles ist bestimmt aus früheren Differenzierungen vorhanden und kann ohne größeren Aufwand eine Zeit lang gute Dienste leisten. Auch der Fundus der Schulen ist voller Überraschungen. Anschauungsmodelle, Sandkasten, Hörbeispiele, Deck-Foliensätze müssen nur noch mit Arbeitsanregungen oder Anleitungen versehen werden.

3 Regeln für die Freiarbeit

Erklingt die „Freiarbeitsmusik" – z. B. eine beruhigende Panflötenmelodie – holen sich die Schüler das geplante Arbeitsmaterial und beginnen ohne weitere Anweisung mit ihrer Arbeit. Gegen Ende der Freiarbeitszeit hören die Kinder wieder ein bekanntes Lied und wissen in etwa, wie lange sie noch Zeit haben, das „Spiel" zu beenden und vollständig an seinen Platz im Regal zurückzubringen.

Notwendige Arbeitstechniken, die in den Spielen gebraucht werden und auch unterrichtsbegleitend nötig sind (Umgang mit Nachschlagewerken, Atlas, Zirkel, Lineal, … Partner- und Gruppenarbeit …), müssen für jeden Schüler klar sein. Arbeitsanweisungen sollten genau und kindgerecht formuliert, die Notwendigkeit von Ordnung und Sorgfalt vorweg einsichtig gemacht werden.

Haben die Schüler einmal selbst im Rahmen der Freiarbeit ein Spiel hergestellt, schätzen sie das Angebot des Lehrers um so mehr und sind von sich aus bereit, allgemeine Regeln zu akzeptieren. Sorgfältiger Umgang mit dem Material, Vollständigkeit bei der Rückgabe, Ordnung im Regal, möglichst leises Arbeiten, um andere nicht zu stören, sind Beispiele dafür. Unterstützt werden kann die „Erinnerung" durch Aushang von Regeln im Klassenzimmer. Klappt es einmal nicht so gut, genügt meist ein Blick auf die entsprechende Regel. Oft ist es allerdings die Begeisterung an der Sache, die den Geräuschpegel höher steigen lässt als es vom Lehrer als vorteilhaft angesehen und auch von einigen Schülern gewünscht wird.

4 Unterschiedliche Formen für Arbeitsmaterialien

4.1 Domino

Immer einsetzbar, wenn 2 zusammengehören.

Spielanleitung:

Alle Dominosteine werden gemischt und ausgeteilt. Mit dem Stein, der übrig bleibt, wird das Spiel begonnen. Man darf auf beiden Seiten anlegen. Je eine linke und eine rechte gehören zusammen. Es wird eine Kette gebildet, bis kein Stein mehr übrig bleibt. Jeweils der Spieler mit dem richtigen Stein darf anlegen. Die Mitspieler achten auf die Richtigkeit.
Wer seine Steine am schnellsten „losgeworden" ist, ist Sieger. – Jeweils die Gruppe, die die Kette am schnellsten fertig gestellt hat, ist Sieger.
Wenn es mehrere Möglichkeiten der Lösung gibt: Jeder Spieler erhält nun eine bestimmte Anzahl von Steinen, die restlichen verbleiben verdeckt in der „Bank". Nun darf jeder der Reihe nach nur einen Stein anlegen. Hat er keinen passenden, nimmt er sich einen verdeckten aus der „Bank". Wer hat all seine Steine als Erster angelegt?
Wenn ein Kind allein spielen will, versucht es, alle Steine in individuellem Arbeitstempo aneinander zu legen.

Zusatz:

Kinder erfinden auch gern selbst Dominos, wenn ihnen „Inhalt" und Prinzip des Dominos geläufig sind.

Kontrollmöglichkeit:

- Beim Reihendomino passt der letzte Stein zum ersten Stein.
- Zusätzlich kann auf der Rückseite ein Kontrollsatz/Buchstaben (für ein Wort), Farbpunkte etc. die Kontrolle ermöglichen.
- Ein Kontrollblatt mit den Lösungen (für Notfälle).

4.2 Memory = ein Gedächtnisspiel

Immer einsetzbar, wenn 2 zusammengehören (ähnlich wie beim Domino). Die Schüler brauchen allerdings mehr Konzentration.

Spielanleitung:

Verteile alle Memory-Karten mit der Schrift nach unten auf dem Tisch. Nun decke das erste Kärtchen auf, lies es halb laut vor, decke nun das zweite Kärtchen deiner Wahl auf, lies auch dies vor. Vergleiche nun anschließend, ob die beiden Kärtchen zusammengehören. Ist dies der Fall, darfst du beide Kärtchen wegnehmen und zwei weitere Kärtchen aufdecken. Passen sie allerdings nicht zusammen, musst du beide Kärtchen wieder umdrehen und dein Mitspieler ist nun dran.
Gewonnen hat am Ende, wer die meisten „Paare" gesammelt hat.
Du kannst die Spielsteine auch allein als Zuordnungsspiel verwenden: Lege alle Kärtchen offen auf und ordne die entsprechenden Kartenpärchen zu.

Kontrollmöglichkeit:

- Durch Mitschüler.
- Zum Schluss dürfen keine Plättchen mehr übrig bleiben.
- Durch ein zusätzliches Lösungsblatt (für Notfälle).

4.3 Karten

4.3.1 Wendekarten

Diese Art von Aufgabenkarten hat den Vorteil, dass beide Seiten der Karten sowohl als Aufgabe als auch als Lösung verwendet werden (in der Frage auf der Vorderseite ist die Antwort der Frage auf der Rückseite enthalten und umgekehrt). Mühsames Gestalten und Überziehen von Karten reduziert sich damit auf die Hälfte.
Auch diese Karten sind als Wiederholung für den Stoff von Sachfächern oder als Aufgabenkarten für einen Spielplan zu verwenden.
Mit den Karten kann auch allein gespielt werden. Der Vorteil gegenüber dem Buch oder Arbeitsblättern liegt darin, dass sich die Reihenfolge der Aufgabenstellungen ständig ändert, die Schüler sich nicht an die berühmte „Stelle im Buch" erinnern (allerdings auch nicht an ihren Inhalt) und dass bei richtiger Benutzung nur „nicht Gewusstes" wiederholt wird.

Spielanleitung:

Wenn *zwei* miteinander mit diesem Spiel umgehen, setzen sie sich gegenüber. So liest jeder „seine" eigene Frage und hat zugleich die Lösung des Partners vor Augen. Wer seine Aufgabe zuerst gelöst hat, erhält als „Trophäe" die Karte.

Wer am Schluss des Spiels die meisten Karten besitzt, ist Sieger.
Für *einen* Spieler: Lege beim Bearbeiten die Aufgaben, die du richtig beantworten konntest, auf einen Stapel, diejenigen, die du nicht lösen konntest, auf einen anderen. Wenn du fertig bist, bearbeite den zweiten Stapel noch einmal. Verfahre damit ebenso, bis du die Lösung aller Karten kennst.

Zusatz:

Selbstverständlich können diese Wendekarten auch im Zusammenhang mit einem Spielplan eingesetzt werden. Voraussetzung dafür ist, dass sich die Schüler bereits einiges Wissen angeeignet haben und dieses im Wettbewerb mit anderen unter Beweis stellen wollen.

4.3.2 Zuordnung

Spielanleitung:

Alle Einzelteile liegen für die Schüler sichtbar auf. Reihum nimmt sich jeder Schüler 2 bzw. 3 Kärtchen, die zusammengehören. Diese wiederum sind auf der Rückseite gekennzeichnet. Ordnet ein Schüler falsche Kärtchen zu, kommt der nächste dran. Je mehr Kärtchen bereits weggenommen wurden, um so leichter wird die Aufgabe.
Sieger ist, wer am Ende des Spiels die meisten Kärtchen besitzt.

Kontrollmöglichkeit:
- Durch die Kennzeichnung auf der Rückseite der Kärtchen.
- Durch ein zusätzliches Lösungsblatt (für Notfälle).

4.3.3 Schnappkärtchen

Drei gehören zusammen! Zuordnungsspiel!

Spielanleitung:

Legt alle Kärtchen auf und versucht herauszufinden, welche Kärtchen zusammengehören! Jeder, der ein „Trio" zusammengestellt hat, schnappt sich die drei Kärtchen und überprüft auf der Rückseite die Richtigkeit.
Wer die meisten Trios errechnet hat, ist Sieger.
Um die Wette, fertig, los!

Kontrollmöglichkeit:
- Überprüfen der Richtigkeit mit Hilfe des Lösungswortes auf der Rückseite der Schnappkärtchen.
- Ein Kontrollblatt mit den Lösungen (für Notfälle).

4.3.4 Karteikarten (= Quiz- oder Wendekarten)

Darunter versteht man einen Karteikasten, der im Laufe eines Jahres „mitwachsen" soll.
Karteikarten können hergestellt und verwendet werden:

- für die verschiedenen Sachfächer der entsprechenden Klassenstufe (aus alten Schulbüchern kann man Bilder und Texte ausschneiden)
- für Themen aus den Interessensgebieten der Schülerinnen und Schüler
- für Allgemeinwissen, heimatbezogene Erdkunde, ...
- für Regeln und dazu passende Übungsaufgaben in Mathematik, Rechtschreiben, Sprachlehre
- für wöchentliche Kurzdiktate (z. B. Merktexte aus dem Sachbereich, Regeln, aktuelle Zeitungsberichte, ...)

Karteikarten können als Grundlage für diverse Spiele verwendet werden (mit einfachem Spielplan, Würfel, Spielsteinen).

4.4 Würfelspiele

Würfelspiele sind bekannten Gesellschaftsspielen („Mensch ärgere dich nicht", „Monopoly", ...) sehr ähnlich. Diese können auch mit etwas Fantasie abgewandelt und für die Schule verwendet werden.
Beim Würfelspiel reizt die Schüler besonders, dass nicht allein Wissen, sondern auch Glück beim Würfeln entscheidend für den Ausgang des Spieles sein kann. So können bei diesen Spielen auch die Schülerinnen und Schüler gewinnen, die leistungsmäßig schwächer sind.
Besonders geeignet sind Spielpläne, die mit verschiedenen Aufgabenstellungen einsetzbar sind. So sind die Schülerinnen und Schüler bald mit den Spielregeln vertraut und für den Lehrer verringert sich die Arbeit.

Ich unterscheide 2 Würfelspielarten:

- *Würfelspiele mit Spielplänen:*
  Hier könnten Aufgabenkarten einer Kartei verwendet werden.
- *Würfelspiele, bei denen die Würfel selbst ausschlaggebend für die Aufgabenstellung sind.*

4.5 Aufgaben für die Aufgabentasche

Die erste sichtbare Zeile gibt dem Schüler die Aufgabe bekannt. Zeilenweise, also schrittweise, kann der Schüler nun seinen Lösungweg überprüfen.
Diese Art von Karten setze ich besonders gern dann ein, wenn komplexe Aufgaben gestellt werden und jeder Schüler unterschiedliche Lösungsschritte nachvollziehen muss, um die Aufgabe begreifen zu können. (z. B. Lösung einer Gleichung mit einer Unbekannten, Bedienen des Speichers beim Taschenrechner).
Eine genaue Bastelanleitung für die Aufgabentasche finden Sie auf Seite 116.

4.6 Aufgaben auf Hörkassette

Da Freiarbeit viele Sinne ansprechen sollte, kann man den Schülerinnen und Schülern bestimmte Aufgaben auch über eine Hörkassette stellen. Fast jeder Schüler besitzt einen Walkman und kann diesen nun einmal sinnvoll zum Lernen einsetzen; die anderen Schüler sind trotzdem in keiner Weise gestört.

Auch von diesem Arbeitsmaterial geht ein besonderer Reiz aus und Schüler sind motiviert, sich freiwillig mit Kopfrechenaufgaben, Kurzdiktaten, geschichtlichen Zeitdokumenten und auch mit Jugendliteratur zu beschäftigen.

Aber auch hier muss die Selbstkontrolle gewährleistet sein.

III Kopiervorlagen Materialien Mathematik

1 Spiel: So weit die Zinsfüße tragen!

Berechne den Zinsfuß!

Du brauchst:

Spielplan von 1 bis 100, Würfel, Spielsteine, Aufgabenkarten, bei denen der Zinsfuß berechnet werden muss

Spielanleitung:

Zieh eine Aufgabenkarte und berechne den Zinsfuß. Wenn du fertig bist, vergleiche mit dem Ergebnis auf der Rückseite. Ist dein Ergebnis richtig, runde den Zinsfuß auf eine ganze Zahl: So viele Schritte darfst du auf dem Spielplan vorwärts gehen.
Wer als Erster am Ziel ist, hat gewonnen; oder:
Wer in der vorgegebenen Zeit am weitesten kommt, hat gewonnen.

Spielplan: So weit die Zinsfüße tragen!

Start: 1 → 2, 3, 4, 5, 6, 7, 8, 9, 10, 11, 12, 13, 14, 15, 16, 17, 18, 19, 20, 21, 22, 23, 24, 25, 26, 27, 28, 29, 30, 31, 32, 33, 34, 35, 36, 37, 38, 39, 40, 41, 42, 43, 44, 45, 46, 47, 48, 49, 50, 51, 52, 53, 54, 55, 56, 57, 58, 59, 60, 61, 62, 63, 64, 65, 66, 67, 68, 69, 70, 71, 72, 73, 74, 75, 76, 77, 78, 79, 80, 81, 82, 83, 84, 85, 86, 87, 88, 89, 90, 91, 92, 93, 94, 95, 96, 97, 98, 99, **Ziel: 100**

Aufgabenkarten (oder als Wendekarten)

Berechne den Zinsfuß! Kapital = 1 250 DM Zinsen für 1 Jahr = 27,50 DM	*Berechne das Kapital!* Zinsfuß = 2,2 % Zinsen für 1 Jahr = 27,50 DM
Berechne den Zinsfuß! Kapital = 3 520 DM Zinsen für 1 Jahr = 91,52 DM	*Berechne das Kapital!* Zinsfuß = 2,6 % Zinsen für 1 Jahr = 91,52 DM
Berechne den Zinsfuß! Kapital = 6 440 DM Zinsen für 1 Jahr = 115,92 DM	*Berechne das Kapital!* Zinsfuß = 1,8 % Zinsen für 1 Jahr = 115,92 DM
Berechne den Zinsfuß! Kapital = 5 480 DM Zinsen für 1 Jahr = 180,84 DM	*Berechne das Kapital!* Zinsfuß = 3,3 % Zinsen für 1 Jahr = 180,84 DM
Berechne den Zinsfuß! Kapital = 7 320 DM Zinsen für 1 Jahr = 329,40 DM	*Berechne das Kapital!* Zinsfuß = 4,5 % Zinsen für 1 Jahr = 329,40 DM

Berechne den Zinsfuß!	Berechne das Kapital!
Kapital = 2 890 DM Zinsen für 1 Jahr = 150,28 DM	Zinsfuß = 5,2% Zinsen für 1 Jahr = 150,28 DM
Kapital = 1 990 DM Zinsen für 1 Jahr = 117,41 DM	Zinsfuß = 5,9% Zinsen für 1 Jahr = 117,41 DM
Kapital = 7 620 DM Zinsen für 1 Jahr = 175,26 DM	Zinsfuß = 2,3% Zinsen für 1 Jahr = 175,26 DM
Kapital = 4 710 DM Zinsen für 1 Jahr = 226,08 DM	Zinsfuß = 4,8% Zinsen für 1 Jahr = 226,08 DM
Kapital = 6 110 DM Zinsen für 1 Jahr = 299,39 DM	Zinsfuß = 4,9% Zinsen für 1 Jahr = 299,39 DM

Berechne den Zinsfuß!

Kapital = 6 010 DM
Zinsen für 1 Jahr = 234,39 DM

Berechne das Kapital!

Zinsfuß = 3,9 %
Zinsen für 1 Jahr = 234,39 DM

Berechne den Zinsfuß!

Kapital = 3 520 DM
Zinsen für 6 Monate = 45,76 DM

Berechne das Kapital!

Zinsfuß = 2,6 %
Zinsen für 6 Monate = 45,76 DM

Berechne den Zinsfuß!

Kapital = 6 440 DM
Zinsen für 6 Monate = 57,96 DM

Berechne das Kapital!

Zinsfuß = 1,8 %
Zinsen für 6 Monate = 57,96 DM

Berechne den Zinsfuß!

Kapital = 5 480 DM
Zinsen für 6 Monate = 90,42 DM

Berechne das Kapital!

Zinsfuß = 3,3 %
Zinsen für 6 Monate = 90,42 DM

Berechne den Zinsfuß!

Kapital = 7 320 DM
Zinsen für 6 Monate = 164,70 DM

Berechne das Kapital!

Zinsfuß = 4,5 %
Zinsen für 6 Monate = 164,70 DM

Berechne den Zinsfuß!

Kapital = 2 890 DM
Zinsen für 6 Monate = 75,14 DM

Berechne das Kapital!

Zinsfuß = 5,2%
Zinsen für 6 Monate = 75,14 DM

Berechne den Zinsfuß!

Kapital = 7 620 DM
Zinsen für 6 Monate = 87,63 DM

Berechne das Kapital!

Zinsfuß = 2,3%
Zinsen für 6 Monate = 87,63 DM

Berechne den Zinsfuß!

Kapital = 4 710 DM
Zinsen für 6 Monate = 113,04 DM

Berechne das Kapital!

Zinsfuß = 4,8%
Zinsen für 6 Monate = 113,04 DM

Berechne den Zinsfuß!

Kapital = 6 110 DM
Zinsen für 6 Monate = 146,64 DM

Berechne das Kapital!

Zinsfuß = 4,8%
Zinsen für 6 Monate = 146,64 DM

Berechne den Zinsfuß!

Kapital = 1 250 DM
Zinsen für 6 Monate = 13,75 DM

Berechne das Kapital!

Zinsfuß = 2,2%
Zinsen für 6 Monate = 13,75 DM

Berechne den Zinsfuß!

Kapital = 1 320 DM
Zinsen für 6 Monate = 23,10 DM

Berechne das Kapital!

Zinsfuß = 3,5 %
Zinsen für 6 Monate = 23,10 DM

Berechne den Zinsfuß!

Kapital = 4 890 DM
Zinsen für 6 Monate = 78,24 DM

Berechne das Kapital!

Zinsfuß = 3,2 %
Zinsen für 6 Monate = 78,24 DM

Berechne den Zinsfuß!

Kapital = 9 320 DM
Zinsen für 2 Jahre = 410,08 DM

Berechne das Kapital!

Zinsfuß = 2,2 %
Zinsen für 2 Jahre = 410,08 DM

Berechne den Zinsfuß!

Kapital = 6 550 DM
Zinsen für 2 Jahre = 484,70 DM

Berechne das Kapital!

Zinsfuß = 3,7 %
Zinsen für 2 Jahre = 484,70 DM

Berechne den Zinsfuß!

Kapital = 10 080 DM
Zinsen für 2 Jahre = 362,88 DM

Berechne das Kapital!

Zinsfuß = 1,8 %
Zinsen für 2 Jahre = 362,88 DM

Berechne den Zinsfuß! Kapital = 7 080 DM Zinsen für 2 Jahre = 368,16 DM	*Berechne das Kapital!* Zinsfuß = 2,6% Zinsen für 2 Jahre = 368,16 DM
Berechne den Zinsfuß! Kapital = 8 740 DM Zinsen für 2 Jahre = 541,88 DM	*Berechne das Kapital!* Zinsfuß = 3,1% Zinsen für 2 Jahre = 541,88 DM
Berechne den Zinsfuß! Kapital = 6 920 DM Zinsen für 2 Jahre = 484,40 DM	*Berechne das Kapital!* Zinsfuß = 3,5% Zinsen für 2 Jahre = 484,40 DM
Berechne den Zinsfuß! Kapital = 6 880 DM Zinsen für 2 Jahre = 632,96 DM	*Berechne das Kapital!* Zinsfuß = 4,6% Zinsen für 2 Jahre = 632,96 DM
Berechne den Zinsfuß! Kapital = 5 190 DM Zinsen für 2 Jahre = 446,34 DM	*Berechne das Kapital!* Zinsfuß = 4,3% Zinsen für 2 Jahre = 446,34 DM

Berechne den Zinsfuß!	*Berechne das Kapital!*
Kapital = 4 330 DM Zinsen für 2 Jahre = 441,66 DM	Zinsfuß = 5,1% Zinsen für 2 Jahre = 441,66 DM
Kapital = 3 960 DM Zinsen für 2 Jahre = 459,36 DM	Zinsfuß = 5,8% Zinsen für 2 Jahre = 459,36 DM
Kapital = 1 060 DM Zinsen für 2 Jahre = 129,32 DM	Zinsfuß = 6,1% Zinsen für 2 Jahre = 129,32 DM
Kapital = 1 470 DM Zinsen für 1 Monat = 4,41 DM	Zinsfuß = 3,6% Zinsen für 1 Monat = 4,41 DM
Kapital = 2 160 DM Zinsen für 1 Monat = 8,10 DM	Zinsfuß = 4,5% Zinsen für 1 Monat = 8,10 DM

Berechne den Zinsfuß! Kapital = 4 800 DM Zinsen für 1 Monat = 25,60 DM	*Berechne das Kapital!* Zinsfuß = 6,4% Zinsen für 1 Monat = 25,60 DM
Berechne den Zinsfuß! Kapital = 1 200 DM Zinsen für 1 Monat = 1,40 DM	*Berechne das Kapital!* Zinsfuß = 1,4% Zinsen für 1 Monat = 1,40 DM
Berechne den Zinsfuß! Kapital = 1 600 DM Zinsen für 1 Monat = 2,00 DM	*Berechne das Kapital!* Zinsfuß = 1,5% Zinsen für 1 Monat = 2,00 DM
Berechne den Zinsfuß! Kapital = 4 125 DM Zinsen für 1 Monat = 5,50 DM	*Berechne das Kapital!* Zinsfuß = 1,6% Zinsen für 1 Monat = 5,50 DM
Berechne den Zinsfuß! Kapital = 2 000 DM Zinsen für 1 Monat = 3,50 DM	*Berechne das Kapital!* Zinsfuß = 2,1% Zinsen für 1 Monat = 3,50 DM

Berechne den Zinsfuß!	Berechne das Kapital!
Kapital = 2 640 DM Zinsen für 1 Monat = 4,84 DM	Zinsfuß = 2,2% Zinsen für 1 Monat = 4,84 DM
Berechne den Zinsfuß!	Berechne das Kapital!
Kapital = 3 120 DM Zinsen für 1 Monat = 6,76 DM	Zinsfuß = 2,6% Zinsen für 1 Monat = 6,76 DM
Berechne den Zinsfuß!	Berechne das Kapital!
Kapital = 3 480 DM Zinsen für 1 Monat = 8,41 DM	Zinsfuß = 2,9% Zinsen für 1 Monat = 8,41 DM
Berechne den Zinsfuß!	Berechne das Kapital!
Kapital = 4 080 DM Zinsen für 1 Monat = 11,56 DM	Zinsfuß = 3,4% Zinsen für 1 Monat = 11,56 DM
Berechne den Zinsfuß!	Berechne das Kapital!
Kapital = 4 440 DM Zinsen für 1 Monat = 13,69 DM	Zinsfuß = 3,7% Zinsen für 1 Monat = 13,69 DM

2 Spiel: Geldmarkt

Richtige Kontoführung und -überprüfung sind wichtig!

Spielanleitung:

Jeder Mitspieler erhält als Startkapital 2 000 DM. Diese schreibt er auf seinem Konto, das er ab jetzt selbst führen muss, gut. Gewürfelt wird nacheinander im Uhrzeigersinn.

Triffst du auf ein markiertes Feld, zieht ein Mitspieler eine entsprechende Karte und liest sie dir vor, weil zur Kontrolle bereits das Ergebnis auf der Karte steht. Rechne und führe anschließend die „Geld-Transaktionen" (schriftlich) durch. Achte dabei aber auch darauf, dass die Mitspieler ihr Konto „auf dem Laufenden" halten! Oft verändern sich beim Ziehen einer einzigen Karte mehrere Konten!

Ein Mitspieler, der 10 000 DM Schulden erreicht hat, scheidet aus. Gewonnen hat, wer zum Schluss am meisten Kapital angehäuft hat!

Ihr braucht:

Jeder braucht seinen Taschenrechner, eine Kontoführungskarte (groß), einen blauen Stift, um Geld auf seinem Konto „gutzuschreiben" (+), einen roten Stift, um Gefordertes abzuziehen (–)!

Zum Spiel gehört ein Spielplan, ein Würfel, Kontoführungskarten (grau), Risikokarten (braun) und je Mitspieler eine Kontoführungskarte (mit Folie überzogen).

Kontoführungskarte		
+ Diesen Betrag darfst du „gutschreiben": (blau)	**–** Diesen Betrag musst du abziehen: (rot)	Kontostand **2 000 DM**

Kontoführungskarten:

Ein Schuldner zahlt bei dir seine Schulden zurück. Die Höhe des Darlehens musst du erst errechnen:
Für 5 Monate musste er dir bei einer Verzinsung von 6,5% bereits 58 DM bezahlen!
(~2 141,54 DM)

Für ein Darlehen von 5 000 DM von deinem „Vordermann" werden Schuldzinsen von 7,9% für 8 Monate fällig! Bezahle gleich! (263,33 DM)

Du musst deine Schuldzinsen an deinen „Hintermann" bezahlen! Für die geliehenen 5 000 DM verlangt er für die vergangenen 7 Monate 8,5% Zinsen! (247,92 DM)

Dein „Hintermann" fordert von dir das Darlehen von 2 500 DM mit Zinsen (Zinsfuß 9%) zurück! (2 725 DM)

Du hast im Lotto gewonnen! Wenn du das Kapital 15 Monate lang fest anlegen würdest, bekämst du bei einem Zinsfuß von 11,2% 420 DM.
(3 000 DM)

9% Jahreszinsen für deine Hypothek von 20 000 DM sind fällig! (1 800 DM)

Der monatliche Zins für deine 2 898 DM teure Stereoanlage wird fällig. Ein Zinssatz von 6,8% wurde vereinbart!
(16,42 DM)

Dein Bausparvertrag wird ausbezahlt. Für dieses angesparte Kapital erhältst du auch noch für 1 Jahr 42,50 DM Zinsen bei einer Verzinsung von 2,75%. (1 545,45 DM + 42,50 DM = 1 587,95 DM)

Deine Darlehensrückzahlung ist fällig! Für 8 Monate musstest du bei 7,5% Zinssatz 390 DM bezahlen! (7 800 DM)	Für ein Darlehen von 5 000 DM, das du von deinem „Hintermann" ausgeliehen hast, werden Schuldzinsen von 9,5% für 11 Monate fällig! Bezahle gleich! (435,24 DM)
Dein fünfjähriger Bausparvertrag wird ausbezahlt. Du hast 9 000 DM angespart. Verzinst wird mit 2,4%. (9 000 DM + 1 080 DM = 10 080 DM)	Dein „Vordermann" fordert von dir das Darlehen von 3 500 DM mit Zinsen (Zinsfuß 7,2%) zurück! (3 752 DM)
Du erhältst nach 200 Tagen die von dir ausgeliehenen 4 200 DM mit einer Verzinsung von 6,8% zurück! (158,67 DM)	8,4% Jahreszinsen für deine Hypothek von 15 000 DM sind fällig! (1 260 DM)
Zinsen für dein momentanes Konto werden fällig! Bezahle oder erhalte 5% Zinsen für 1/2 Jahr!	Dein Bausparvertrag wird ausbezahlt. Für dieses angesparte Kapital erhältst du auch noch für 9 Monate 55 DM Zinsen bei einer Verzinsung von 2,5%. (2 933,33 DM + 55 DM = 2 988,33 DM)

Deine Darlehensrückzahlung ist fällig! Für 8 Monate musstest du bei 7,5% Zinsen 390 DM bezahlen! (7 800 DM)	Der monatliche Zins für dein 5 999 DM teures Mofa wird fällig. Ein Zinssatz von 5,9% wurde vereinbart! (29,50 DM)
Ein Schuldner zahlt bei dir seine Schulden zurück. Die Höhe des Darlehens musst du erst errechnen: Für 8 Monate musste er dir bei einer Verzinsung von 7,5% bereits 158 DM bezahlen! (3 160 DM)	Dein Gehalt ist fällig! Dein Bruttoeinkommen beträgt 3 244 DM. Ca. 31% Abzüge werden gleich abgezogen. Welchen Betrag darfst du verbuchen? (= Nettoeinkommen) (3 244 DM – 1 005,64 DM = 2 238,36 DM)
Du musst deine Schuldzinsen an deinen „Vordermann" bezahlen! Für die geliehenen 4 800 DM verlangt er für die vergangenen 242 Tage 7,9% Zinsen! (254,91 DM)	Dein Gehalt ist fällig! Dein Bruttoeinkommen beträgt 2 990 DM. Ca. 28% Abzüge werden gleich abgezogen. Welchen Betrag darfst du verbuchen? (= Nettoeinkommen) (2 990 DM – 837,20 DM = 2 152,80 DM)
Du hast im Lotto gewonnen! Wenn du das Kapital 400 Tage lang fest anlegen würdest, bekämst du bei einem Zinsfuß von 7,7% 510 DM. (5 961,04 DM)	Dein Gehalt ist fällig! Dein Bruttoeinkommen beträgt 2 890 DM. Ca. 27% Abzüge werden gleich abgezogen. Welchen Betrag darfst du verbuchen? (= Nettoeinkommen) (2 890 DM – 780,30 DM = 2 109,70 DM)

Risikokarten:

Guter Zweck!
Für einen guten Zweck gibst du 1/4 deines Vermögens ab – mindestens allerdings 1 000 DM. Hast du kein Guthaben, leih dir zu einem ausgehandelten Zinsfuß Geld von einem Mitspieler!

Wissen ist Macht!
Für jeden richtig vollendeten Satz erhältst du 1 000 DM!
Wenn ich das Kapital durch 12 teile, erhalte ich ...
Wenn ich das Kapital durch 4 teile, erhalte ich ...
Wenn ich das Kapital durch 120 teile, erhalte ich ...
Wenn ich das Kapital durch 40 teile, erhalte ich ...
Wenn ich das Kapital mit 3 multipliziere, erhalte ich ...

Geschenk!
Von jedem deiner Mitspieler erhältst du 1/5 seines Kontos. Pech für dich – Glück für sie, wenn sie Schulden haben!

„6" ist gut dran!
Die Würfelzahl, mit der du dieses Feld erwürfelt hast, ist der Zinsfuß. Dein Kapital vermehrt sich um Zinsen für 10 Monate.

Wissen ist Macht!
Für jeden richtig vollendeten Satz erhältst du 1 000 DM!
Zinsen für einen Monat erhalte ich, wenn ...
Zinsen für ein Dreivierteljahr erhalte ich, wenn ...
Zinsen für 6 Tage erhalte ich, wenn ...
Zinsen für 8 Tage erhalte ich, wenn ...

Ein guter Freund!
Der Mitspieler mit dem größten Kapital übernimmt die Hälfte der Schulden des Mitspielers mit dem größten MINUS!

Wundersame Vermehrung!
Die „Tausenderziffer" (0 bis 9) verdoppelt sich!

Falschgeld!
Alle HUNDERTER auf deinem Konto (0 bis 9) sind falsch. Zieh sie ab!

Spekulation!
Du hast dich verspekuliert! Dabei ging 1/4 deines Kapitals verloren!

Na sowas!
Das Kapital beträgt 10 250 DM. Dafür bekommt man in 250 Tagen 410 DM Zinsen. Wenn du den Zinsfuß berechnet hast, darfst du dir damit Zinsen für 11 Monate (berechnet auf dein eigenes Kapital) auf deinem Konto gutschreiben.

Annullierung! (für einmaligen Gebrauch!)
Bewahre diese Karte auf. Wenn du eine Karte ziehst, die dir nicht gefällt, darfst du sie mit dieser Karte „annullieren" (= ungültig erklären)!

Dein Pech – sein Glück!
Gib demjenigen Mitspieler, der das kleinste Kapital hat (oder sogar im MINUS ist), 6,8% deines Kapitals ab!

Pech!
Bezahle 5% deines Geldes für zu schnelles Fahren an denjenigen, der am weitesten auf dem Spielplan zurückliegt!

Dein Glück – sein Pech!
Von demjenigen Mitspieler, der das größte Kapital besitzt, erhältst du 11,5%!

Traumhaft!
Alle momentanen Schulden werden dir geschenkt!

Robin Hood!
Er nimmt JEDEM der Mitspieler, der Guthaben hat, 10% davon weg. Diese Gesamtsumme wird unter den Mitspielern gerecht verteilt, die Schulden haben!

Glück?
Dein „Vermögen" verdoppelt sich – allerdings auch deine Schulden!

Bankirrtum!
Zu deinen Gunsten erhältst du 2,75% deines angehäuften Kapitals! Schulden bleiben leider unverändert!

Bankirrtum!
Auf deinem Konto werden versehentlich Zinsen für 320 Tage von einem Kapital von 10 500 DM bei einem Zinssatz von 2,75% gutgeschrieben!

Kontoüberprüfung!
Bezahle 2% deines angehäuften Kapitals als Strafe! – Hast du allerdings Schulden, verringern sich diese um 10%!

Verloren!
Du hast deine Scheckkarte verloren! Setze 2 Runden aus!

Schlauer Kopf!
Du hast dein Geld gut angelegt! Dafür darfst du dir 3,7% deines Kapitals gutschreiben!

INFLATION
(= Geldentwertung)
Das Geld aller Mitspieler (PLUS oder MINUS) verliert an Wert! Es ist nur noch 55% WERT! Neuer Kontostand?

Ganz in Ruhe!
Setze 2 Runden aus! In dieser Zeitspanne von 125 Tagen vermehrt sich dein Kapital um 4%! – Deine Schulden verringern sich um 4%!

Spielplan: Geldmarkt (⚡ = Risikokarten; 📇 = Kontoführungskarten)

3 Wendekarten: Zinsrechnen

Berechne den Zinsfuß und Jahreszins! K = 200 DM Zins $_{5\text{ Jahre}}$ = 100 DM	*Berechne das Kapital und den Zeitzins!* *t = 5 Jahre* *Jahreszins = 20 DM* *p = 10%*
Berechne den Zinsfuß und Jahreszins! K = 8 950 DM Zins $_{2\text{ Jahre}}$ = 733,90 DM	*Berechne das Kapital und den Zeitzins!* *t = 2 Jahre* *Jahreszins = 366,95 DM* *p = 4,1%*
Berechne den Zinsfuß und Jahreszins! K = 6 540 DM Zins $_{4\text{ Monate}}$ = 117,72 DM	*Berechne das Kapital und den Zeitzins!* *t = 4 Monate* *Jahreszins = 353,16 DM* *p = 5,4%*
Berechne den Zinsfuß und Jahreszins! K = 7 850 DM Zins $_{4\text{ Jahre}}$ = 1 350,20 DM	*Berechne das Kapital und den Zeitzins!* *t = 4 Jahre* *Jahreszins = 337,55 DM* *p = 4,3%*
Berechne den Zinsfuß und Jahreszins! K = 3 870 DM Zins $_{7\text{ Monate}}$ = ~142,22 DM	*Berechne das Kapital und den Zeitzins!* *t = 7 Monate* *Jahreszins = 243,81 DM* *p = 6,3%*

Berechne den Zinsfuß und Jahreszins! K = 8 550 DM Zins ₉ ₘₒₙₐₜₑ = 359,10 DM	*Berechne das Kapital und den Zeitzins!* *t = 9 Monate* *Jahreszins = 478,80 DM* *p = 5,6%*
Berechne den Zinsfuß und Jahreszins! K = 3 400 DM Zins ₅ ₌ₐₕᵣₑ = 578 DM	*Berechne das Kapital und den Zeitzins!* *t = 5 Jahre* *Jahreszins = 115,60 DM* *p = 3,4%*
Berechne den Zinsfuß und Jahreszins! K = 4 500 DM Zins ₅ ₘₒₙₐₜₑ = 52,50 DM	*Berechne das Kapital und den Zeitzins!* *t = 5 Monate* *Jahreszins = 126 DM* *p = 2,8%*
Berechne den Zinsfuß und Jahreszins! K = 7 536 DM Zins ₂ ₘₒₙₐₜₑ = 69,08 DM	*Berechne das Kapital und den Zeitzins!* *t = 2 Monate* *Jahreszins = 414,48 DM* *p = 5,5%*
Berechne den Zinsfuß und Jahreszins! K = 9 841 DM Zins ₂₅₀ ₜₐ₉ₑ = ~478,38 DM	*Berechne das Kapital und den Zeitzins!* *t = 250 Tage* *Jahreszins = 688,87 DM* *p = 7%*

Berechne den Zinsfuß und Jahreszins! K = 4 890 DM Zins $_{\text{4 Monate}}$ = 133,66 DM	Berechne das Kapital und den Zeitzins! t = 4 Monate Jahreszins = 400,98 DM p = 8,2%
Berechne den Zinsfuß und Jahreszins! K = 7 544 DM Zins $_{\text{16 Monate}}$ = ~432,52 DM	Berechne das Kapital und den Zeitzins! t = 16 Monate Jahreszins = ~324,39 DM p = 4,3%
Berechne den Zinsfuß und Jahreszins! K = 9 850 DM Zins $_{\text{8 Monate}}$ = 354,60 DM	Berechne das Kapital und den Zeitzins! t = 8 Monate Jahreszins = 531,90 DM p = 5,4%
Berechne den Zinsfuß und Jahreszins! K = 8 850 DM Zins $_{\text{4 Monate}}$ = 209,45 DM	Berechne das Kapital und den Zeitzins! t = 4 Monate Jahreszins = 628,35 DM p = 7,1%
Berechne den Zinsfuß und Jahreszins! K = 7 880 DM Zins $_{\text{350 Tage}}$ = ~210,68 DM	Berechne das Kapital und den Zeitzins! t = 350 Tage Jahreszins = 216,70 DM p = 2,75%

Berechne den Zinsfuß und Jahreszins! K = 6 840 DM Zins ₅₀ Tage = 53,20 DM	Berechne das Kapital und den Zeitzins! t = 50 Tage Jahreszins = 383,04 DM p = 5,6%
Berechne den Zinsfuß und Jahreszins! K = 20 580 DM Zins ₁₃ Monate = 802,62 DM	Berechne das Kapital und den Zeitzins! t = 13 Monate Jahreszins = 740,88 DM p = 3,6%
Berechne den Zinsfuß und Jahreszins! K = 20 880 DM Zins ₁₅₀ Tage = 443,70 DM	Berechne das Kapital und den Zeitzins! t = 150 Tage Jahreszins = 1 064,88 DM p = 5,1%
Berechne den Zinsfuß und Jahreszins! K = 20 550 DM Zins ₈ Monate = 602,80 DM	Berechne das Kapital und den Zeitzins! t = 8 Monate Jahreszins = 904,20 DM p = 4,4%
Berechne den Zinsfuß und Jahreszins! K = 20 350 DM Zins ₄ Monate = 447,70 DM	Berechne das Kapital und den Zeitzins! t = 4 Monate Jahreszins = 1 343,10 DM p = 6,6%

Berechne den Zinsfuß und Jahreszins!	Berechne das Kapital und den Zeitzins!
K = 20 100 DM Zins $_{250\ Tage}$ = ~809,58 DM	t = 250 Tage Jahreszins = 1 165,80 DM p = 5,8%
Berechne den Zinsfuß und Jahreszins!	Berechne das Kapital und den Zeitzins!
K = 2 200 DM Zins $_{355\ Tage}$ = ~162,71 DM	t = 355 Tage Jahreszins = 165 DM p = 7,5%
Berechne den Zinsfuß und Jahreszins!	Berechne das Kapital und den Zeitzins!
K = 8 950 DM Zins $_{2\ Jahre}$ = 554,90 DM	t = 2 Jahre Jahreszins = 277,45 DM p = 3,1%
Berechne den Zinsfuß und Jahreszins!	Berechne das Kapital und den Zeitzins!
K = 6 540 DM Zins $_{4\ Monate}$ = 100,28 DM	t = 4 Monate Jahreszins = 300,84 DM p = 4,6%
Berechne den Zinsfuß und Jahreszins!	Berechne das Kapital und den Zeitzins!
K = 7 850 DM Zins $_{4\ Jahre}$ = 1 036,20 DM	t = 4 Jahre Jahreszins = 259,05 DM p = 3,3%

Berechne den Zinsfuß und Jahreszins! K = 3870 DM Zins $_{70\text{ Tage}}$ = ~41,39 DM	Berechne das Kapital und den Zeitzins! t = 70 Tage Jahreszins = 212,85 DM p = 5,5%
Berechne den Zinsfuß und Jahreszins! K = 18 550 DM Zins $_{5\text{ Monate}}$ = ~200,96 DM	Berechne das Kapital und den Zeitzins! t = 5 Monate Jahreszins = 482,30 DM p = 2,6%
Berechne den Zinsfuß und Jahreszins! K = 13 400 DM Zins $_{17\text{ Monate}}$ = 455,60 DM	Berechne das Kapital und den Zeitzins! t = 17 Monate Jahreszins = 321,60 DM p = 2,4%
Berechne den Zinsfuß und Jahreszins! K = 41 500 DM Zins $_{5\text{ Monate}}$ = ~657,08 DM	Berechne das Kapital und den Zeitzins! t = 5 Monate Jahreszins = 1577 DM p = 3,8%
Berechne den Zinsfuß und Jahreszins! K = 19 840 DM Zins $_{250\text{ Tage}}$ = ~523,56 DM	Berechne das Kapital und den Zeitzins! t = 250 Tage Jahreszins = 753,92 DM p = 3,8%

Berechne den Zinsfuß und Jahreszins! K = 29 650 DM Zins $_{5\text{ Monate}}$ = ~345,92 DM	Berechne das Kapital und den Zeitzins! t = 5 Monate Jahreszins = 830,20 DM p = 2,8%
Berechne den Zinsfuß und Jahreszins! K = 14 890 DM Zins $_{4\text{ Monate}}$ = ~258,09 DM	Berechne das Kapital und den Zeitzins! t = 4 Monate Jahreszins = 774,28 DM p = 5,2%
Berechne den Zinsfuß und Jahreszins! K = 27 540 DM Zins $_{11\text{ Monate}}$ = ~833,09 DM	Berechne das Kapital und den Zeitzins! t = 11 Monate Jahreszins = 908,82 DM p = 3,3%
Berechne den Zinsfuß und Jahreszins! K = 39 850 DM Zins $_{8\text{ Monate}}$ = ~1168,93 DM	Berechne das Kapital und den Zeitzins! t = 8 Monate Jahreszins = 1 753,40 DM p = 4,4%
Berechne den Zinsfuß und Jahreszins! K = 8 610 DM Zins $_{4\text{ Monate}}$ = 203,77 DM	Berechne das Kapital und den Zeitzins! t = 4 Monate Jahreszins = 611,31 DM p = 7,1%

Berechne den Zinsfuß und Jahreszins! K = 71 080 DM Zins $_{350\ Tage}$ = ~1 900,40 DM	Berechne das Kapital und den Zeitzins! t = 350 Tage Jahreszins = 1 954,70 DM p = 2,75%
Berechne den Zinsfuß und Jahreszins! K = 16 840 DM Zins $_{250\ Tage}$ = 421 DM	Berechne das Kapital und den Zeitzins! t = 250 Tage Jahreszins = 606,24 DM p = 3,6%

4 Spiel: Berechne die Zinsen für eine bestimmte Zeit!

Spielanleitung:

Entscheidet euch zu Beginn des Spiels gemeinsam für eine der 4 Aufgabenstellungen. Der Spielplan gilt für alle Variationen. Rundet, wenn nötig, auf zwei Stellen hinter dem Komma!

Würfle und geh beliebig die Würfelaugen senkrecht, waagerecht oder diagonal (in einer Linie). Wenn du die Aufgabe lösen kannst, gehört dir dieses Feld und du darfst es mit einem Stein deiner Farbe belegen – ansonsten bleibt es „abschussfrei" für einen anderen. Die Mitspieler rechnen zur Kontrolle mit. Beim „Laufen nach der Würfelzahl" dürfen belegte Felder mitgezählt werden; allerdings können sie nicht mehr Ziel- bzw. Endpunkt sein. Sieger ist, wer zum Schluss die meisten Felder belegen konnte oder derjenige, der es schafft, 3 Felder in einer Linie zu belegen. Legt die Spielregel gemeinsam vor Spielbeginn fest!

Jeder Mitspieler braucht:

Block, Schreibzeug, evtl. Taschenrechner, mehrere Belegsteine und eine Spielfigur in derselben Farbe

Gemeinsam benutzt ihr:

einen Spielplan, einen Würfel, für Notfälle das Kontrollblatt

Aufgabenstellung:

1) Das Kapital beträgt 12 600 DM; verzinst wird mit 2,5%.
2) Das Kapital beträgt 7 200 DM; verzinst wird mit 5,5%.
3) Das Kapital beträgt 3 600 DM; verzinst wird mit 4,5%.
4) Das Kapital beträgt 5 400 DM; verzinst wird mit 3,5%.

Spielplan:

Das Kapital beträgt _____ DM; verzinst wird mit _____ %.				
Zinsen für 7 Monate	Zinsen für 1 Monat	Zinsen für 1 Tag	Zinsen für 8 Monate	Zinsen für 35 Tage
Zinsen für 2 Jahre	Zinsen für 22 Tage	Zinsen für 9 Monate	Zinsen für 92 Tage	Zinsen für 2 Monate
Zinsen für 6 Tage	Zinsen für 231 Tage	Zinsen für 310 Tage	Zinsen für 53 Tage	Zinsen für 232 Tage
Zinsen für 10 Monate	Zinsen für 43 Tage	Zinsen für 6 Monate	Zinsen für 4 Jahre	Zinsen für 178 Tage
Zinsen für 5 Jahre	Zinsen für 15 Tage	Zinsen für 75 Tage	Zinsen für 59 Tage	Zinsen für 180 Tage
Zinsen für 10 Tage	Zinsen für 67 Tage	Zinsen für 170 Tage	Zinsen für 5 Monate	Zinsen für 150 Tage
Zinsen für 7 Jahre	Zinsen für 4 Monate	Zinsen für 118 Tage	Zinsen für 7 Tage	Zinsen für 160 Tage
Zinsen für 8 Tage	Zinsen für 80 Tage	Zinsen für 11 Monate	Zinsen für 240 Tage	Zinsen für 1 Jahr
Zinsen für 9 Jahre	Zinsen für 90 Tage	Zinsen für 6 Jahre	Zinsen für 9 Tage	Zinsen für 8 Jahre
Zinsen für 4 Tage	Zinsen für 110 Tage	Zinsen für 12 Monate	Zinsen für 3 Jahre	Zinsen für 190 Tage
Zinsen für 3 Monate	Zinsen für 101 Tage	Zinsen für 58 Tage	Zinsen für 11 Tage	Zinsen für 120 Tage

1) Das Kapital beträgt 12 600 DM; verzinst wird mit 2,5%

Aufgabe	Aufgabe/Rechnung	Lösung
Zinsen für 1 Jahr	315 DM	315 DM
Zinsen für 2 Jahre	315 DM · 2	630 DM
Zinsen für 3 Jahre	315 DM · 3	945 DM
Zinsen für 4 Jahre	315 DM · 4	1 260 DM
Zinsen für 5 Jahre	315 DM · 5	1 575 DM
Zinsen für 6 Jahre	315 DM · 6	1 890 DM
Zinsen für 7 Jahre	315 DM · 7	2 205 DM
Zinsen für 8 Jahre	315 DM · 8	2 520 DM
Zinsen für 9 Jahre	315 DM · 9	2 835 DM
Zinsen für 1 Monat	315 DM : 12 · 1	26,25 DM
Zinsen für 2 Monate	315 DM : 12 · 2	52,50 DM
Zinsen für 3 Monate	315 DM : 12 · 3	78,75 DM
Zinsen für 4 Monate	315 DM : 12 · 4	105 DM
Zinsen für 5 Monate	315 DM : 12 · 5	131,25 DM
Zinsen für 6 Monate	315 DM : 12 · 6	157,50 DM
Zinsen für 7 Monate	315 DM : 12 · 7	183,75 DM
Zinsen für 8 Monate	315 DM : 12 · 8	210 DM
Zinsen für 9 Monate	315 DM : 12 · 9	236,25 DM
Zinsen für 10 Monate	315 DM : 12 · 10	262,50 DM
Zinsen für 11 Monate	315 DM : 12 · 11	288,75 DM
Zinsen für 12 Monate	315 DM : 12 · 12	315 DM
Zinsen für 1 Tag	315 DM : 360 · 1	~0,88 DM
Zinsen für 4 Tage	315 DM : 360 · 4	3,50 DM
Zinsen für 6 Tage	315 DM : 360 · 6	5,25 DM
Zinsen für 7 Tage	315 DM : 360 · 7	~6,13 DM
Zinsen für 8 Tage	315 DM : 360 · 8	7 DM
Zinsen für 9 Tage	315 DM : 360 · 9	~7,88 DM
Zinsen für 10 Tage	315 DM : 360 · 10	8,75 DM

1) Das Kapital beträgt 12 600 DM; verzinst wird mit 2,5%

Aufgabe	Aufgabe/Rechnung	Lösung
Zinsen für 11 Tage	315 DM : 360 · 11	~9,63 DM
Zinsen für 15 Tage	315 DM : 360 · 15	~13,13 DM
Zinsen für 22 Tage	315 DM : 360 · 22	19,25 DM
Zinsen für 35 Tage	315 DM : 360 · 35	~30,63 DM
Zinsen für 43 Tage	315 DM : 360 · 43	~37,63 DM
Zinsen für 53 Tage	315 DM : 360 · 53	~43,38 DM
Zinsen für 58 Tage	315 DM : 360 · 58	50,75 DM
Zinsen für 59 Tage	315 DM : 360 · 59	~51,63 DM
Zinsen für 67 Tage	315 DM : 360 · 67	~58,63 DM
Zinsen für 75 Tage	315 DM : 360 · 75	~65,63 DM
Zinsen für 80 Tage	315 DM : 360 · 80	70 DM
Zinsen für 90 Tage	315 DM : 360 · 90	78,75 DM
Zinsen für 92 Tage	315 DM : 360 · 92	80,50 DM
Zinsen für 101 Tage	315 DM : 360 · 101	~88,38 DM
Zinsen für 110 Tage	315 DM : 360 · 110	96,25 DM
Zinsen für 118 Tage	315 DM : 360 · 118	103,25 DM
Zinsen für 120 Tage	315 DM : 360 · 120	105 DM
Zinsen für 150 Tage	315 DM : 360 · 150	131,25 DM
Zinsen für 160 Tage	315 DM : 360 · 160	140 DM
Zinsen für 170 Tage	315 DM : 360 · 170	148,75 DM
Zinsen für 178 Tage	315 DM : 360 · 178	155,75 DM
Zinsen für 180 Tage	315 DM : 360 · 180	157,50 DM
Zinsen für 190 Tage	315 DM : 360 · 190	166,25 DM
Zinsen für 231 Tage	315 DM : 360 · 231	~202,13 DM
Zinsen für 232 Tage	315 DM : 360 · 232	203 DM
Zinsen für 240 Tage	315 DM : 360 · 240	210 DM
Zinsen für 310 Tage	315 DM : 360 · 310	271,25 DM

2) Das Kapital beträgt 7 200 DM; verzinst wird mit 5,5%

Aufgabe	Aufgabe/Rechnung	Lösung
Zinsen für 1 Jahr	396 DM	396 DM
Zinsen für 2 Jahre	396 DM · 2	792 DM
Zinsen für 3 Jahre	396 DM · 3	1 188 DM
Zinsen für 4 Jahre	396 DM · 4	1 584 DM
Zinsen für 5 Jahre	396 DM · 5	1 980 DM
Zinsen für 6 Jahre	396 DM · 6	2 376 DM
Zinsen für 7 Jahre	396 DM · 7	2 772 DM
Zinsen für 8 Jahre	396 DM · 8	3 168 DM
Zinsen für 9 Jahre	396 DM · 9	3 564 DM
Zinsen für 1 Monat	396 DM : 12 · 1	33 DM
Zinsen für 2 Monate	396 DM : 12 · 2	66 DM
Zinsen für 3 Monate	396 DM : 12 · 3	99 DM
Zinsen für 4 Monate	396 DM : 12 · 4	132 DM
Zinsen für 5 Monate	396 DM : 12 · 5	165 DM
Zinsen für 6 Monate	396 DM : 12 · 6	198 DM
Zinsen für 7 Monate	396 DM : 12 · 7	231 DM
Zinsen für 8 Monate	396 DM : 12 · 8	264 DM
Zinsen für 9 Monate	396 DM : 12 · 9	297 DM
Zinsen für 10 Monate	396 DM : 12 · 10	330 DM
Zinsen für 11 Monate	396 DM : 12 · 11	363 DM
Zinsen für 12 Monate	396 DM : 12 · 12	396 DM
Zinsen für 1 Tag	396 DM : 360 · 1	1,10 DM
Zinsen für 4 Tage	396 DM : 360 · 4	4,40 DM
Zinsen für 6 Tage	396 DM : 360 · 6	6,60 DM
Zinsen für 7 Tage	396 DM : 360 · 7	7,70 DM
Zinsen für 8 Tage	396 DM : 360 · 8	8,80 DM
Zinsen für 9 Tage	396 DM : 360 · 9	9,90 DM
Zinsen für 10 Tage	396 DM : 360 · 10	11 DM

2) Das Kapital beträgt 7 200 DM; verzinst wird mit 5,5%

Aufgabe	Aufgabe/Rechnung	Lösung
Zinsen für 11 Tage	396 DM : 360 · 11	12,10 DM
Zinsen für 15 Tage	396 DM : 360 · 15	16,50 DM
Zinsen für 22 Tage	396 DM : 360 · 22	24,20 DM
Zinsen für 35 Tage	396 DM : 360 · 35	38,50 DM
Zinsen für 43 Tage	396 DM : 360 · 43	47,30 DM
Zinsen für 53 Tage	396 DM : 360 · 53	58,30 DM
Zinsen für 58 Tage	396 DM : 360 · 58	63,80 DM
Zinsen für 59 Tage	396 DM : 360 · 59	64,90 DM
Zinsen für 67 Tage	396 DM : 360 · 67	73,70 DM
Zinsen für 75 Tage	396 DM : 360 · 75	82,50 DM
Zinsen für 80 Tage	396 DM : 360 · 80	88 DM
Zinsen für 90 Tage	396 DM : 360 · 90	99 DM
Zinsen für 92 Tage	396 DM : 360 · 92	101,20 DM
Zinsen für 101 Tage	396 DM : 360 · 101	111,10 DM
Zinsen für 110 Tage	396 DM : 360 · 110	121 DM
Zinsen für 118 Tage	396 DM : 360 · 118	129,80 DM
Zinsen für 120 Tage	396 DM : 360 · 120	132 DM
Zinsen für 150 Tage	396 DM : 360 · 150	165 DM
Zinsen für 160 Tage	396 DM : 360 · 160	176 DM
Zinsen für 170 Tage	396 DM : 360 · 170	187 DM
Zinsen für 178 Tage	396 DM : 360 · 178	195,80 DM
Zinsen für 180 Tage	396 DM : 360 · 180	198 DM
Zinsen für 190 Tage	396 DM : 360 · 190	209 DM
Zinsen für 231 Tage	396 DM : 360 · 231	254,10 DM
Zinsen für 232 Tage	396 DM : 360 · 232	255,20 DM
Zinsen für 240 Tage	396 DM : 360 · 240	264 DM
Zinsen für 310 Tage	396 DM : 360 · 310	341 DM

3) Das Kapital beträgt 3 600 DM; verzinst wird mit 4,5%

Aufgabe	Aufgabe/Rechnung	Lösung
Zinsen für 1 Jahr	162 DM	162 DM
Zinsen für 2 Jahre	162 DM · 2	324 DM
Zinsen für 3 Jahre	162 DM · 3	486 DM
Zinsen für 4 Jahre	162 DM · 4	648 DM
Zinsen für 5 Jahre	162 DM · 5	810 DM
Zinsen für 6 Jahre	162 DM · 6	972 DM
Zinsen für 7 Jahre	162 DM · 7	1 134 DM
Zinsen für 8 Jahre	162 DM · 8	1 296 DM
Zinsen für 9 Jahre	162 DM · 9	1 458 DM
Zinsen für 1 Monat	162 DM : 12 · 1	13,50 DM
Zinsen für 2 Monate	162 DM : 12 · 2	27 DM
Zinsen für 3 Monate	162 DM : 12 · 3	40,50 DM
Zinsen für 4 Monate	162 DM : 12 · 4	54 DM
Zinsen für 5 Monate	162 DM : 12 · 5	67,50 DM
Zinsen für 6 Monate	162 DM : 12 · 6	81 DM
Zinsen für 7 Monate	162 DM : 12 · 7	94,50 DM
Zinsen für 8 Monate	162 DM : 12 · 8	108 DM
Zinsen für 9 Monate	162 DM : 12 · 9	121,50 DM
Zinsen für 10 Monate	162 DM : 12 · 10	135 DM
Zinsen für 11 Monate	162 DM : 12 · 11	148,50 DM
Zinsen für 12 Monate	162 DM : 12 · 12	162 DM
Zinsen für 1 Tag	162 DM : 360 · 1	0,45 DM
Zinsen für 4 Tage	162 DM : 360 · 4	1,80 DM
Zinsen für 6 Tage	162 DM : 360 · 6	2,70 DM
Zinsen für 7 Tage	162 DM : 360 · 7	3,15 DM
Zinsen für 8 Tage	162 DM : 360 · 8	3,60 DM
Zinsen für 9 Tage	162 DM : 360 · 9	4,05 DM
Zinsen für 10 Tage	162 DM : 360 · 10	4,50 DM

3) Das Kapital beträgt 3 600 DM; verzinst wird mit 4,5%

Aufgabe	Aufgabe/Rechnung	Lösung
Zinsen für 11 Tage	162 DM : 360 · 11	4,95 DM
Zinsen für 15 Tage	162 DM : 360 · 15	6,75 DM
Zinsen für 22 Tage	162 DM : 360 · 22	9,90 DM
Zinsen für 35 Tage	162 DM : 360 · 35	15,75 DM
Zinsen für 43 Tage	162 DM : 360 · 43	19,35 DM
Zinsen für 53 Tage	162 DM : 360 · 53	23,85 DM
Zinsen für 58 Tage	162 DM : 360 · 58	26,10 DM
Zinsen für 59 Tage	162 DM : 360 · 59	26,55 DM
Zinsen für 67 Tage	162 DM : 360 · 67	30,15 DM
Zinsen für 75 Tage	162 DM : 360 · 75	33,75 DM
Zinsen für 80 Tage	162 DM : 360 · 80	36 DM
Zinsen für 90 Tage	162 DM : 360 · 90	40,50 DM
Zinsen für 92 Tage	162 DM : 360 · 92	41,40 DM
Zinsen für 101 Tage	162 DM : 360 · 101	45,45 DM
Zinsen für 110 Tage	162 DM : 360 · 110	49,50 DM
Zinsen für 118 Tage	162 DM : 360 · 118	53,10 DM
Zinsen für 120 Tage	162 DM : 360 · 120	54 DM
Zinsen für 150 Tage	162 DM : 360 · 150	67,50 DM
Zinsen für 160 Tage	162 DM : 360 · 160	72 DM
Zinsen für 170 Tage	162 DM : 360 · 170	76,50 DM
Zinsen für 178 Tage	162 DM : 360 · 178	80,10 DM
Zinsen für 180 Tage	162 DM : 360 · 180	81 DM
Zinsen für 190 Tage	162 DM : 360 · 190	85,50 DM
Zinsen für 231 Tage	162 DM : 360 · 231	103,95 DM
Zinsen für 232 Tage	162 DM : 360 · 232	104,40 DM
Zinsen für 240 Tage	162 DM : 360 · 240	108 DM
Zinsen für 310 Tage	162 DM : 360 · 310	139,50 DM

4) Das Kapital beträgt 5 400 DM; verzinst wird mit 3,5%	Aufgabe/Rechnung	Lösung
Zinsen für 1 Jahr	189 DM	189 DM
Zinsen für 2 Jahre	189 DM · 2	378 DM
Zinsen für 3 Jahre	189 DM · 3	567 DM
Zinsen für 4 Jahre	189 DM · 4	756 DM
Zinsen für 5 Jahre	189 DM · 5	945 DM
Zinsen für 6 Jahre	189 DM · 6	1 134 DM
Zinsen für 7 Jahre	189 DM · 7	1 323 DM
Zinsen für 8 Jahre	189 DM · 8	1 512 DM
Zinsen für 9 Jahre	189 DM · 9	1 701 DM
Zinsen für 1 Monat	189 DM : 12 · 1	15,75 DM
Zinsen für 2 Monate	189 DM : 12 · 2	31,50 DM
Zinsen für 3 Monate	189 DM : 12 · 3	47,25 DM
Zinsen für 4 Monate	189 DM : 12 · 4	63 DM
Zinsen für 5 Monate	189 DM : 12 · 5	78,75 DM
Zinsen für 6 Monate	189 DM : 12 · 6	94,50 DM
Zinsen für 7 Monate	189 DM : 12 · 7	110,25 DM
Zinsen für 8 Monate	189 DM : 12 · 8	126 DM
Zinsen für 9 Monate	189 DM : 12 · 9	141,75 DM
Zinsen für 10 Monate	189 DM : 12 · 10	157,50 DM
Zinsen für 11 Monate	189 DM : 12 · 11	173,25 DM
Zinsen für 12 Monate	189 DM : 12 · 12	189 DM
Zinsen für 1 Tag	189 DM : 360 · 1	~0,53 DM
Zinsen für 4 Tage	189 DM : 360 · 4	2,10 DM
Zinsen für 6 Tage	189 DM : 360 · 6	3,15 DM
Zinsen für 7 Tage	189 DM : 360 · 7	~3,68 DM
Zinsen für 8 Tage	189 DM : 360 · 8	4,20 DM
Zinsen für 9 Tage	189 DM : 360 · 9	~4,73 DM
Zinsen für 10 Tage	189 DM : 360 · 10	5,25 DM

4) Das Kapital beträgt 5 400 DM; verzinst wird mit 3,5%	Aufgabe/Rechnung	Lösung
Zinsen für 11 Tage	189 DM : 360 · 11	~5,78 DM
Zinsen für 15 Tage	189 DM : 360 · 15	~7,88 DM
Zinsen für 22 Tage	189 DM : 360 · 22	11,55 DM
Zinsen für 35 Tage	189 DM : 360 · 35	~18,38 DM
Zinsen für 43 Tage	189 DM : 360 · 43	~22,58 DM
Zinsen für 53 Tage	189 DM : 360 · 53	~27,83 DM
Zinsen für 58 Tage	189 DM : 360 · 58	30,45 DM
Zinsen für 59 Tage	189 DM : 360 · 59	~30,97 DM
Zinsen für 67 Tage	189 DM : 360 · 67	~35,18 DM
Zinsen für 75 Tage	189 DM : 360 · 75	~39,38 DM
Zinsen für 80 Tage	189 DM : 360 · 80	42 DM
Zinsen für 90 Tage	189 DM : 360 · 90	47,25 DM
Zinsen für 92 Tage	189 DM : 360 · 92	48,30 DM
Zinsen für 101 Tage	189 DM : 360 · 101	~53,03 DM
Zinsen für 110 Tage	189 DM : 360 · 110	57,75 DM
Zinsen für 118 Tage	189 DM : 360 · 118	61,95 DM
Zinsen für 120 Tage	189 DM : 360 · 120	63 DM
Zinsen für 150 Tage	189 DM : 360 · 150	78,75 DM
Zinsen für 160 Tage	189 DM : 360 · 160	84 DM
Zinsen für 170 Tage	189 DM : 360 · 170	89,25 DM
Zinsen für 178 Tage	189 DM : 360 · 178	93,45 DM
Zinsen für 180 Tage	189 DM : 360 · 180	94,50 DM
Zinsen für 190 Tage	189 DM : 360 · 190	99,75 DM
Zinsen für 231 Tage	189 DM : 360 · 231	~121,28 DM
Zinsen für 232 Tage	189 DM : 360 · 232	121,80 DM
Zinsen für 240 Tage	189 DM : 360 · 240	126 DM
Zinsen für 310 Tage	189 DM : 360 · 310	162,75 DM

5 Spiel: Zinsrechnen mit dem Glückswürfel

Zinsen für eine bestimmte Zeit berechnen – richtige Kontoführung

Berechne die Zinsen für eine bestimmte Zeit!

Zieh nacheinander eine Aufgabenkarte und berechne die Zinsen für die angegebene Zeit. Die Mitspieler rechnen zur Kontrolle mit. Hast du die Zinsen richtig berechnet, würfle mit dem Glückswürfel und ermittle damit, ob dir die Zinsen gutgeschrieben werden oder ob du sie bezahlen musst. Guthaben-, Haben- und Sparbuchzinsen darfst du auf deinem Konto dazuzählen, Darlehens-, Soll- und Schuldzinsen musst du abziehen! Wer zum Schluss das meiste Kapital angehäuft hat, ist Sieger!

Beschriftung des Holzwürfels (3 cm x 3 cm)

Sparbuchzinsen	blau
Guthabenzinsen	blau
Habenzinsen	blau
Sollzinsen	rot
Darlehenszinsen	rot
Schuldzinsen	rot

Formular zur Kontoführung (für jeden Mitspieler)		
+ (Zinsen blau eintragen)	– (Zinsen rot eintragen)	aktueller Kontostand

Vorlage zum Erstellen eines Würfels für:
Zinsrechnen mit dem Glückswürfel

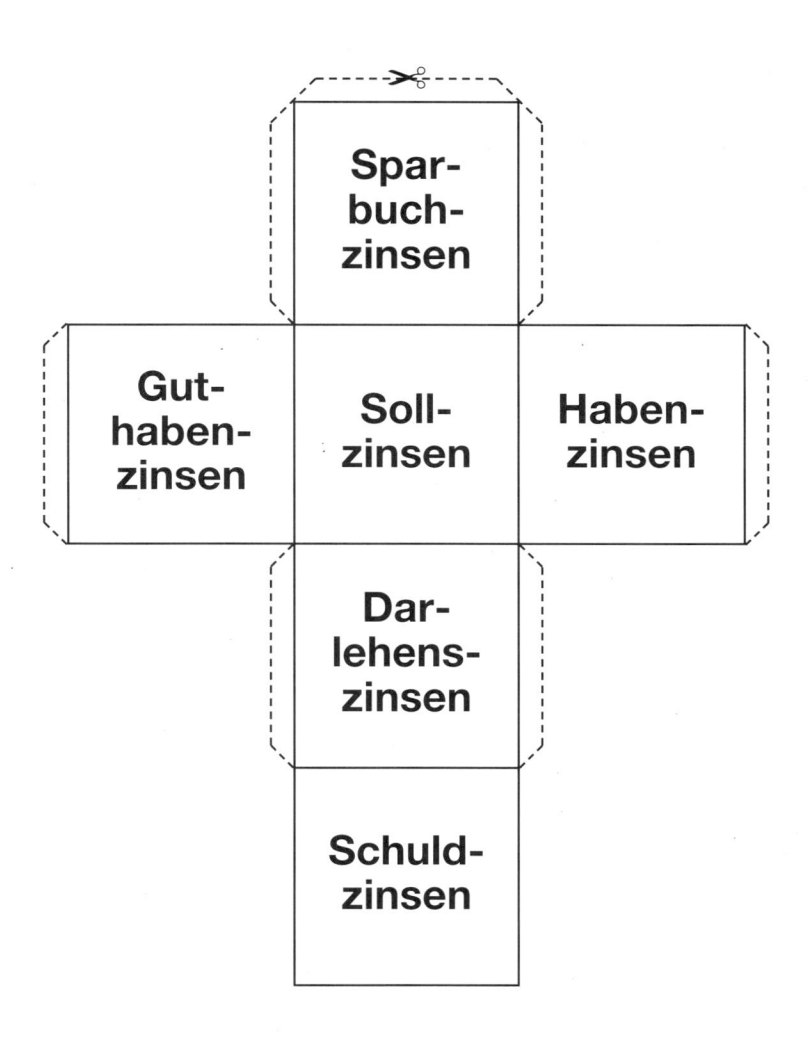

Sparbuchzinsen

Guthabenzinsen | Sollzinsen | Habenzinsen

Darlehenszinsen

Schuldzinsen

Zinsrechnen: Hilfekarten

ZINSRECHNEN
Hilfekarte

Berechne die Jahreszinsen:

JZ = Kapital mal Zinsfuß
$Z_{1\,Jahr} = K \cdot p$

ZINSRECHNEN
Hilfekarte

Begriffsklärung:

SPARZINSEN: Gebühr, die man für verliehenes Geld bekommt

ZINSRECHNEN
Hilfekarte

Berechne Monatszinsen:

$Z_{1\,Monat} = K \cdot p : 12 = JZ : 12$
$Z_{...\,Monat} = K \cdot p : 12 \cdot$ Anzahl der Monate

ZINSRECHNEN
Hilfekarte

Begriffsklärung:

SCHULDZINSEN: Gebühr, die man für geliehenes Geld bezahlen muss

---

ZINSRECHNEN
Hilfekarte

Berechne Tageszinsen:

$Z_{1\,Tag} = K \cdot p : 360 = JZ : 360$
$Z_{...\,Tage} = K \cdot p : 360 \cdot$ Anzahl der Tage

ZINSRECHNEN
Hilfekarte

Begriffsklärung:

KAPITAL: ein Geldbetrag, den man z. B. bei der Bank anlegen kann

---

ZINSRECHNEN
Hilfekarte

Umrechnungen der Zeit:

1 Jahr = 12 Monate = 360 Tage
1 Monat = 30 Tage

ZINSRECHNEN
Hilfekarte

Begriffsklärung:

KREDIT oder DARLEHEN: ein Geldbetrag, den man z. B. von der Bank ausleiht

Zinsrechnen: Aufgabenkarten

Berechne die Zinsen! K = 2 904 DM p = 2,5% t = 3 Monate	Die Zinsen für die angegebene Zeit betragen: $Z_{3\ Mon} = 18{,}15$ DM
Berechne die Zinsen! K = 3 250 DM p = 4,5% t = 10 Monate	Die Zinsen für die angegebene Zeit betragen: $Z_{10\ Mon} \approx 121{,}88$ DM
Berechne die Zinsen! K = 1 240 DM p = 2,8% t = 3 Jahre	Die Zinsen für die angegebene Zeit betragen: $Z_{3\ a} = 104{,}16$ DM
Berechne die Zinsen! K = 5 260 DM p = 7,5% t = 5 Monate	Die Zinsen für die angegebene Zeit betragen: $Z_{5\ Mon} \approx 164{,}38$ DM
Berechne die Zinsen! K = 8 472 DM p = 3% t = 5 Monate	Die Zinsen für die angegebene Zeit betragen: $Z_{5\ Mon} = 105{,}90$ DM

Berechne die Zinsen!

K = 10 970 DM
p = 5 %
t = 1 Monat

Die Zinsen für die angegebene Zeit betragen:

$Z_{1\,Mon} \approx 45{,}71$ DM

Berechne die Zinsen!

K = 15 822 DM
p = 3,5 %
t = 2 Jahre

Die Zinsen für die angegebene Zeit betragen:

$Z_{2a} = 1107{,}54$ DM

Berechne die Zinsen!

K = 8 250 DM
p = 3 %
t = 250 Tage

Die Zinsen für die angegebene Zeit betragen:

$Z_{250\,d} \approx 171{,}88$ DM

Berechne die Zinsen!

K = 40 560 DM
p = 3,75 %
t = 4 Monate

Die Zinsen für die angegebene Zeit betragen:

$Z_{4\,Mon} = 507$ DM

Berechne die Zinsen!

K = 1 530 DM
p = 11 %
t = 108 Tage

Die Zinsen für die angegebene Zeit betragen:

$Z_{108\,d} = 50{,}49$ DM

Berechne die Zinsen!	Die Zinsen für die angegebene Zeit betragen:
K = 11430 DM p = 3% t = 144 Tage	$Z_{144\,d}$ = 137,16 DM
K = 13500 DM p = 4% t = 198 Tage	$Z_{297\,d}$ = 297 DM
K = 2400 DM p = 3,5% t = 9 Monate	$Z_{9\,Mon}$ = 63 DM
K = 18000 DM p = 5% t = 7 Monate	$Z_{7\,Mon}$ = 525 DM
K = 4500 DM p = 12% t = 116 Tage	$Z_{116\,d}$ = 174 DM

Berechne die Zinsen! K = 18 600 DM p = 5% t = 2 Monate	**Die Zinsen für die angegebene Zeit betragen:** $Z_{2\,Mon}$ = 155 DM
Berechne die Zinsen! K = 3 648 DM p = 4% t = 11 Monate	**Die Zinsen für die angegebene Zeit betragen:** $Z_{11\,Mon}$ = 133,76 DM
Berechne die Zinsen! K = 14 862 DM p = 2,5% t = 4 Monate	**Die Zinsen für die angegebene Zeit betragen:** $Z_{4\,Mon}$ = 123,85 DM
Berechne die Zinsen! K = 2 428 DM p = 4,5% t = 8 Monate	**Die Zinsen für die angegebene Zeit betragen:** $Z_{8\,Mon}$ = 72,84 DM
Berechne die Zinsen! K = 1 476 DM p = 4% t = 7 Monate	**Die Zinsen für die angegebene Zeit betragen:** $Z_{7\,Mon}$ = 34,44 DM

Berechne die Zinsen! K = 17 460 DM p = 6% t = 132 Tage	Die Zinsen für die angegebene Zeit betragen: $Z_{132\,d}$ = 384,12 DM
Berechne die Zinsen! K = 17 460 DM p = 5,5% t = 4 Monate	Die Zinsen für die angegebene Zeit betragen: $Z_{4\,Mon}$ = 320,10 DM
Berechne die Zinsen! K = 29 100 DM p = 7,5% t = 28 Tage	Die Zinsen für die angegebene Zeit betragen: $Z_{28\,d}$ = 169,75 DM
Berechne die Zinsen! K = 19 260 DM p = 11% t = 110 Tage	Die Zinsen für die angegebene Zeit betragen: $Z_{110\,d}$ = 647,35 DM
Berechne die Zinsen! K = 6 750 DM p = 6% t = 216 Tage	Die Zinsen für die angegebene Zeit betragen: $Z_{216\,d}$ = 243 DM

Berechne die Zinsen!	Die Zinsen für die angegebene Zeit betragen:
K = 20970 DM p = 6% t = 188 Tage	$Z_{188\,d}$ = 657,06 DM
K = 2250 DM p = 9% t = 196 Tage	$Z_{196\,d}$ = 110,25 DM
K = 9000 DM p = 8% t = 192 Tage	$Z_{192\,d}$ = 384 DM
K = 9090 DM p = 9% t = 192 Tage	$Z_{192\,d}$ = 436,32 DM
K = 4500 DM p = 8% t = 144 Tage	$Z_{144\,d}$ = 144 DM

Berechne die Zinsen! K = 11 520 DM p = 9% t = 115 Tage	**Die Zinsen für die angegebene Zeit betragen:** $Z_{115\,d}$ = **331,20 DM**
Berechne die Zinsen! K = 3 960 DM p = 7% t = 156 Tage	**Die Zinsen für die angegebene Zeit betragen:** $Z_{156\,d}$ = **120,12 DM**

6 Domino: Zinsrechnen

Tile	Left half	Right half
1	erhalte ich den Zins für 270 Tage (= 9 Monate).	Wenn ich den Jahreszins durch 4 teile,
2	erhalte ich den Zins für 3 Monate.	Wenn ich den Jahreszins durch 6 teile,
3	erhalte ich den Zins für 2 Monate.	Wenn ich den Jahreszins durch 2 teile,
4	erhalte ich den Zins für 6 Monate.	Wenn ich den Jahreszins durch 3 teile,
5	erhalte ich den Zins für 4 Monate.	Wenn ich den Jahreszins mit 2 multipliziere,
6	erhalte ich den Zins für 2 Jahre.	Wenn ich den Jahreszins durch 60 teile,
7	erhalte ich den Zins für 6 Tage.	Wenn ich den Jahreszins durch 20 teile,
8	erhalte ich den Zins für 18 Tage	Wenn ich den Jahreszins durch 180 teile,
9	erhalte ich den Zins für 2 Tage.	Wenn ich den Jahreszins durch 40 teile,
10	erhalte ich den Zins für 9 Tage.	Wenn ich den Jahreszins mit 5 multipliziere,

Satzbausteine (große Schrift zwischen den Reihen):

Wenn — **du** — **Zinsen** — **für** — **eine** — **bestimmte** — **Zeit** — **errechnen** — **willst,** — **solltest**

erhalte ich den Zins für 5 Jahre.	Wenn ich den Jahreszins durch 90 teile,	erhalte ich den Zins für 4 Tage.	Wenn ich den Jahreszins durch 12 teile,
	du	**vorher**	
erhalte ich den Zins für 1 Monat.	Wenn ich den Jahreszins durch 120 teile,	erhalte ich den Zins für 3 Tage.	Wenn ich den Jahreszins durch 8 teile,
	die	**Jahreszinsen**	
erhalte ich den Zins für 45 Tage.	Wenn ich den Jahreszins mit 3 multipliziere,	erhalte ich den Zins für 3 Jahre.	Wenn ich den Jahreszins durch 24 teile,
	berechnen:	$Z_a =$	
erhalte ich den Zins für 15 Tage.	Wenn ich den Jahreszins mit 12 multipliziere,	erhalte ich den Zins für 12 Jahre.	Wenn ich $\frac{3}{4}$ des Jahreszinses errechne,
	Kapital mal	**Zinsfuß!**	

Lösungssatz hinten auf dem Domino:

Wenn du Zinsen für eine bestimmte Zeit errechnen willst, solltest du vorher die Jahreszinsen berechnen: $Z_a =$ Kapital mal Zinsfuß!

7 Primzahlen-Glücksspiel: Mit Primzahlen eine Zahl erwürfeln und auf dem Spielplan belegen

Spielanleitung:

Entscheide dich, mit wie viel und welchen Würfeln du deine Zahl ermitteln willst. Multipliziere nun die Zahlen miteinander und belege dein Feld mit einer Spielmarke deiner Farbe auf dem Plan. Besetzte Felder können nicht ein zweites Mal besetzt werden.

Das brauchst du:

- Spielplan
- Belegsteine in deiner Farbe
- evtl. Block und Schreibzeug
- 1. Würfel: 1 – 2 – 3 – 1 – 2 – 3
- 2. Würfel: 2 – 2 – 2 – 3 – 3 – 3
- 3. Würfel: 2 – 2 – 3 – 3 – 5 – 5
- 4. Würfel: 2 – 2 – 3 – 5 – 7 – 11

2	1 · 2	24	2 · 2 · 3 · 2	90	2 · 3 · 3 · 5
2	2 · 2	27	3 · 3 · 3	99	1 · 3 · 3 · 11
3	1 · 3	27	1 · 3 · 3 · 3	99	3 · 3 · 11
4	1 · 2 · 2	30	1 · 2 · 3 · 5	100	2 · 2 · 5 · 5
4	2 · 2	30	3 · 2 · 5	105	1 · 3 · 5 · 7
5	1 · 5	36	2 · 2 · 3 · 3	105	3 · 5 · 7
6	2 · 3	40	2 · 2 · 5 · 2	110	2 · 5 · 11
6	1 · 3 · 2	42	1 · 2 · 3 · 7	110	1 · 2 · 5 · 11
8	1 · 2 · 2 · 2	42	2 · 3 · 7	126	2 · 3 · 3 · 7
8	2 · 2 · 2	45	3 · 3 · 5	132	2 · 2 · 3 · 11
9	3 · 3	45	1 · 3 · 3 · 5	135	3 · 3 · 5 · 3
9	1 · 3 · 3	50	1 · 2 · 5 · 5	140	2 · 2 · 5 · 7
10	2 · 5	50	2 · 5 · 5	150	2 · 3 · 5 · 5
10	1 · 2 · 5	54	2 · 3 · 3 · 3	165	3 · 5 · 11
12	1 · 3 · 2 · 2	60	2 · 2 · 3 · 5	165	1 · 3 · 5 · 11
12	2 · 2 · 3	63	3 · 3 · 7	189	3 · 3 · 3 · 7
15	3 · 5	63	1 · 3 · 3 · 7	198	2 · 3 · 3 · 11
15	1 · 3 · 5	66	2 · 3 · 11	210	2 · 3 · 5 · 7
16	2 · 2 · 2 · 2	66	1 · 2 · 3 · 11	220	2 · 2 · 5 · 11
18	3 · 2 · 3	70	2 · 5 · 7	225	3 · 3 · 5 · 5
18	1 · 3 · 3 · 2	70	1 · 2 · 5 · 7	297	3 · 3 · 3 · 11
20	2 · 2 · 5	75	1 · 3 · 5 · 5	315	3 · 3 · 5 · 7
20	1 · 2 · 5 · 2	75	3 · 5 · 5	330	2 · 3 · 5 · 11
24	3 · 2 · 2 · 2	81	3 · 3 · 3 · 3	495	3 · 3 · 5 · 11
		84	2 · 2 · 3 · 7		

Spielplan:

2	3	4	5	6	8	9
10	12	15	16	18	20	24
27	30	36	42	45	50	54
60	63	66	70	75	81	84
90	99	100	105	110	126	132
135	140	150	165	189	198	210
220	225	297	315	330	495	Wer erwürfelt die meisten Felder?

Vorlagen für Würfel:

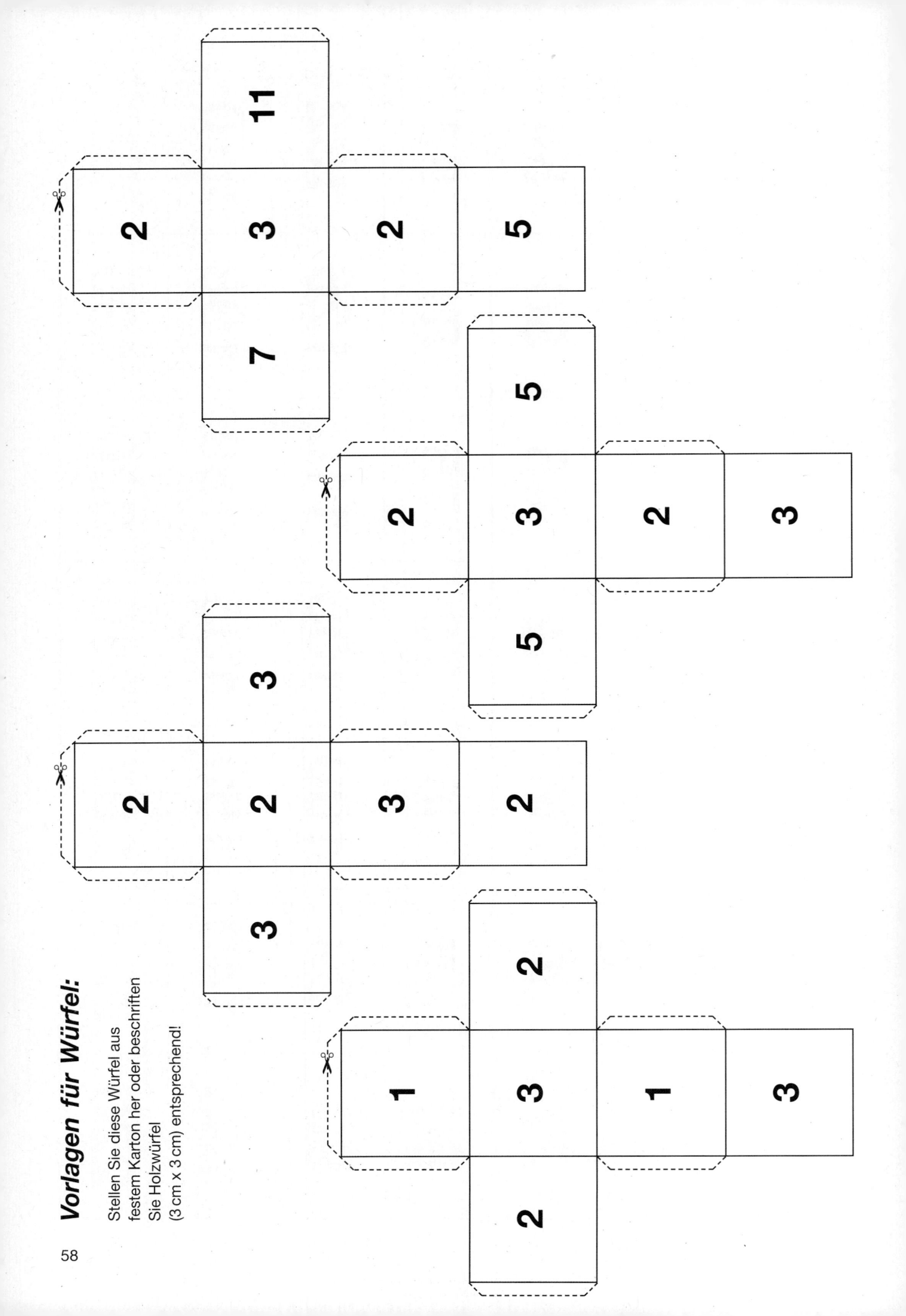

Stellen Sie diese Würfel aus festem Karton her oder beschriften Sie Holzwürfel (3 cm x 3 cm) entsprechend!

58

8 Wendekarten: Zerlege die Zahl in Primfaktoren!
Wie heißt die Zahl?

Zerlege die Zahl in ihre Primfaktoren!	Wie heißt die Zahl?
180	2 · 2 · 3 · 3 · 5
144	2 · 2 · 2 · 2 · 3 · 3
450	2 · 3 · 3 · 5 · 5
315	3 · 3 · 5 · 7
462	2 · 3 · 7 · 11

Zerlege die Zahl in ihre Primfaktoren!	Wie heißt die Zahl?
325	5 · 5 · 13
204	2 · 2 · 3 · 17
770	2 · 5 · 7 · 11
570	2 · 3 · 5 · 19
231	3 · 7 · 11

Zerlege die Zahl in ihre Primfaktoren!	Wie heißt die Zahl?
364	2 · 2 · 7 · 13

Zerlege die Zahl in ihre Primfaktoren!	Wie heißt die Zahl?
630	2 · 3 · 3 · 5 · 7

Zerlege die Zahl in ihre Primfaktoren!	Wie heißt die Zahl?
770	2 · 5 · 7 · 11

Zerlege die Zahl in ihre Primfaktoren!	Wie heißt die Zahl?
165	3 · 5 · 11

Zerlege die Zahl in ihre Primfaktoren!	Wie heißt die Zahl?
510	2 · 3 · 5 · 17

Zerlege die Zahl in ihre Primfaktoren!	Wie heißt die Zahl?
396	2 · 2 · 3 · 3 · 11
114	2 · 3 · 19
665	5 · 7 · 19
552	2 · 2 · 2 · 3 · 23
80	2 · 2 · 2 · 2 · 5

Zerlege die Zahl in ihre Primfaktoren!	Wie heißt die Zahl?
78	2 · 3 · 13
135	3 · 3 · 3 · 5
176	2 · 2 · 2 · 2 · 11
130	2 · 5 · 13
621	3 · 3 · 3 · 23

Zerlege die Zahl in ihre Primfaktoren!	Wie heißt die Zahl?
105	3 · 5 · 7
385	5 · 7 · 11
198	2 · 3 · 3 · 11
143	11 · 13
136	2 · 2 · 2 · 17

Zerlege die Zahl in ihre Primfaktoren!	Wie heißt die Zahl?
195	3 · 5 · 13 |––
Zerlege die Zahl in ihre Primfaktoren!	Wie heißt die Zahl?
140	2 · 2 · 5 · 7

Zerlege die Zahl in ihre Primfaktoren!	Wie heißt die Zahl?
104	2 · 2 · 2 · 13

Zerlege die Zahl in ihre Primfaktoren!	Wie heißt die Zahl?
111	3 · 37

Zerlege die Zahl in ihre Primfaktoren!	Wie heißt die Zahl?
96	2 · 2 · 2 · 2 · 2 · 3

Zerlege die Zahl in ihre Primfaktoren!	Wie heißt die Zahl?
189	**3 · 3 · 3 · 7**
Zerlege die Zahl in ihre Primfaktoren!	Wie heißt die Zahl?
88	**2 · 2 · 2 · 11**
Zerlege die Zahl in ihre Primfaktoren!	Wie heißt die Zahl?
118	**2 · 59**
Zerlege die Zahl in ihre Primfaktoren!	Wie heißt die Zahl?
116	**2 · 2 · 29**
Zerlege die Zahl in ihre Primfaktoren!	Wie heißt die Zahl?
184	**2 · 2 · 2 · 23**

9 Kettenaufgaben auf Hörkassette

Herstellung der Hörkassette:

Der Lehrer spricht die Aufgabenstellung (grau unterlegt) langsam und deutlich auf eine Kassette. Rechenzeichen werden durch unterschiedliche Wörter ersetzt („·" = multipliziere, „+" = addiere ...). Als erste Schlusskontrolle wird nach einer längeren Pause die Quersumme des Ergebnisses genannt; nach einer weiteren Pause hört der Schüler das Endergebnis.

Voraussetzung:

Wichtig ist, dass der Schüler weiß, wie er die Aufgabe in das leere, mit Folie überzogene Lösungsblatt mit wasserlöslichem Folienstift eintragen muss und was eine Quersumme ist (Summe aller Ziffern eines Ergebnisses: z. B. 375,4 → Q 19).

Anleitung:

Schreibe dir der Reihe nach (wie gewohnt) die Aufgabenstellung mit Folienstift auf das leere Lösungsblatt. Rechne die Aufgabe möglichst im Kopf aus. Am Ende der Aufgabe hörst du zur ersten Kontrolle die Quersumme des Ergebnisses. Stimmt diese mit der Quersumme deiner Lösung überein, dann lass die Lösung abspielen. Schaue nur auf dem Lösungsblatt nach, wenn du mit einer Aufgabe nach mehrmaligen Versuchen nicht zum richtigen Ergebnis kommst!

Du brauchst:

einen Kassettenrecorder, evtl. Kopfhörer, ein leeres Lösungsblatt, einen wasserlöslichen Folienstift und für Notfälle ein Notizblatt zum schriftlichen Rechnen oder deinen Taschenrechner

Kettenaufgabe 1

7	· 6	− 3	: 3	+ 1	: 2	· 8	: 7	· 1,5	: 4	· 2,75	Q 15	Lö 8,25
	42	39	13	14	7	56	8	12	3	8,25		

Kettenaufgabe 2

75	· $\frac{4}{3}$	+ 125	: 15	+ 1	· 7	· 2	: 16	+ 16	: 5	· 1,4	Q 12	Lö 8,4
	100	225	15	16	112	224	14	30	6	8,4		

Kettenaufgabe 3

120	− 25	: 19	· 15	+ 75	+ 900	: 50	: 7	· 125	+ 25	: 20	Q 2	Lö 20
	95	5	75	150	1 050	21	3	375	400	20		

Kettenaufgabe 4

1 200	: 60	· $\frac{1}{8}$	+ 4	· 150	: 60	· 50	−12,5	: 25	− 18	: 0,7	Q 2	Lö 20
	20	25	6,5	975	16,25	812,5	800	32	14	20		

Kettenaufgabe 5

13	· 30	· 4	· $\frac{1}{10}$	: 2	: 2	· $\frac{2}{3}$	+ 84	· 5	: 11	· $\frac{3}{5}$	Q 3	Lö 30
	390	1560	156	78	39	26	110	550	50	30		

Kettenaufgabe 6

0,75	− 0,3	− 0,2	−0,05	· 2	· 10	· 1,5	· 2,5	· 0,2	− 1,8	· 1,2	Q 9	Lö 1,44
	0,45	0,25	0,2	0,4	4	6	15	3	1,2	1,44		

Kettenaufgabe 7

$\frac{1}{6}$	· 336	− 32	: 8	· 18	+ 132	· $\frac{2}{3}$	: 4	· 5	− 87	: 20	Q 7	Lö 3,4
	56	24	3	54	186	124	31	155	68	3,4		

Kettenaufgabe 8

1000	: 5	+ 381	: 7	+ 82	: 15	· 11	· 4	· $\frac{1}{4}$	− 55	· $\frac{3}{11}$	Q 9	Lö 18
	200	581	83	165	11	121	484	121	66	18		

Kettenaufgabe 9

59	· 3	− 17	: 80	· 99	− 18	: 3	· $\frac{3}{4}$	· 3	: 9	· 25	Q 15	Lö 375
	177	160	2	198	180	60	45	135	15	375		

Kettenaufgabe 10

90	· 0,15	· 200	: 30	· $\frac{1}{3}$	· 15	· 0,2	+ 81	− 56	: 5	· 9	Q 9	Lö 207
	13,5	2700	90	30	450	90	171	115	23	207		

Kettenaufgabe 11

3	· 33	: 9	· 8	+ 12	· $\frac{4}{5}$	− 75	· 17	− 55	· 12	· 5%	Q 9	Lö 18
	99	11	88	100	80	5	85	30	360	18		

Kettenaufgabe 12

168	: 8	· 6	+ 24	: 25	· 30	: 9	· 10	− 125	· 6%	· 11	Q 18	Lö 49,5
	21	126	150	6	180	20	200	75	4,5	49,5		

Kettenaufgabe 13

130	− 48	· 3	+ 24	: 3	+ 170	: 2	: 13	·290%	: 2	: 5	Q 11	Lö 2,9
	82	246	270	90	260	130	10	29	14,5	2,9		

Kettenaufgabe 14

180	·20%	: 6	· 3/4	· 30	· 6	: 90	· 7	· 1/3	·20%	: 3	Q 5	Lö 1,4
	36	6	4,5	135	810	9	63	21	4,2	1,4		

Kettenaufgabe 15

1 000	−333	− 7	· 1/2	· 3	+110	· 2%	· 1/10	· 0,1	+?=1	Q 15	Lö 0,78
	667	660	330	990	1 100	22	2,2	0,22	+0,78		

Kettenaufgabe 16

10	: 2,5	: 6	: 1/3	· 0,7	· 2	·10%	+0,72	:0,25	·125%	· 25	Q 8	Lö 125
	4	2/3	2	1,4	2,8	0,28	1	4	5	125		

Kettenaufgabe 17

1/3	− 1/4	· 6	− 1/4	: 1/2	+ 1/2	· 7	· 20	· 1/4	·50%	: 0,5	Q 8	Lö 35
	1/12	1/2	1/4	1/2	1	7	140	35	17,5	35		

Kettenaufgabe 18

1/3	: 5/6	: 3/5	: 1/3	− 0,5	· 18	− 11/14	+ 2 11/14	· 3/5	Q 12 oder 14	Lö 6,6 oder 6 3/5
	6/15	2/6	1	0,5	9	8 3/14	11	6,6=6 3/5		

Kettenaufgabe 19

1/3	· 1/4	· 8	+ 1/3	·375%	−1,75	· 2,5	· 3/6	− 1/6	· 7/3	− 4/9	Q 5	Lö 5
	1/12	8/12 = 2/3	1	3,75	2	5	15/6 = 2,5	14/6 = 2 2/6	98/18 = 49/9	45/9 = 5		

Kettenaufgabe 20

1/4	: 1/5	+1,25	· 2	· 3/5	· 3	· 9	+ 9	· 1%	− 0,7	+0,78	Q 17	Lö 0,98
	5/4	2,5	5	3	9	81	90	0,9	0,2	0,98		

Kettenaufgabe 21

7	· $\frac{1}{10}$	· 8	+ 1,4	− 3,3	· 10	· 25	+ 275	: 12	· 1,8	· 0,8	Q 9	Lö 144
	$\frac{7}{10}$	$5\frac{6}{10}$	7	3,7	37	925	1 200	100	180	144		

Kettenaufgabe 22

75	·110%	−17,5	: 130	·50%	· 0,7	+12,505	· $\frac{4}{2}$	· 4	· $\frac{1}{20}$	· 50	Q 16	Lö 253,6
	82,5	65	0,5	0,25	0,175	12,68	25,36	101,44	5,072	253,6		

Kettenaufgabe 23

1	− 0,6	+ 0,5	· 0,9	−0,11	· 0,7	−0,09	+ 2,6	· 45	: 5	: 1,5	Q 9	Lö 40,5
	0,4	0,9	0,81	0,7	0,49	0,4	3	135	27	40,5		

Kettenaufgabe 24

$\frac{4}{5}$	· 450	· 0,2	· 0,05	·250%	· 25	· $\frac{6}{25}$	· 2	: 12	· 1,7	Q 9	Lö 15,3
	360	72	3,6	9	225	54	108	9	15,3		

Kettenaufgabe 25

6,8	· $\frac{1}{2}$	: 2	: 2	· 100	: 17	− 3,8	: 1,2	·6,45	· 2	: 3	Q 7	Lö 4,3
	3,4	1,7	0,85	85	5	1,2	1	6,45	12,9	4,3		

Kettenaufgabe 26

80	·250%	· $\frac{12}{25}$	: 80	+17,3	· 200	: 4	·40%	· 3	·10%	+ ? = 1 000	Q 25	Lö 889
	200	96	1,2	18,5	3 700	925	370	1 110	111	889		

Kettenaufgabe 27

1,4	−0,25	· 10	· 2	+ 17	− 36,5	: 0,7	− 4,9	· 0,1	+ 0,1	· 30	Q 9	Lö 3,3
	1,15	11,5	23	40	3,5	5	0,1	0,01	0,11	3,3		

Kettenaufgabe 28

800	: 25	: 0,8	· 25	· $\frac{3}{20}$	· $\frac{7}{5}$	:3000	· 0,2	·200%	+?=1	Q 18	Lö 0,972
	32	40	1 000	150	210	0,07	0,014	0,028	0,972		

Kettenaufgabe 29

0,82	· 0,2	· 4	+?=2	+4,656	·300%	· 14/30	: 14	: 2	· 4	: 3	Q 4	Lö 0,4
	0,164	0,656	1,344	6	18	8,4	0,6	0,3	1,2	0,4		

Kettenaufgabe 30

10	· 0,4	: 0,5	· 0,6	+ 1,2	− 3,6	: 0,8	· 2,5	· 2	−10,8	: 0,6	Q 7	Lö 7
	4	8	4,8	6	2,4	3	7,5	15	4,2	7		

Kettenaufgabe 31

22	· 0,5	· 11	: 22	·30%	· 32/16	· 30	· 20	· 4%	+ 0,8	· 0,5	Q 4	Lö 40
	11	121	55	1,65	3,3	99	1 980	79,2	80	40		

Kettenaufgabe 32

0,8	: 0,2	· 0,3	− 0,5	−0,08	· 1/2	· 300	+ 7	·0,05	· 0,6	· 14	Q 6	Lö 42
	4	1,2	0,7	0,62	0,31	93	100	5	3	42		

Kettenaufgabe 33

2/3	· 2/3	+ 2/3	· 9	·0,12	· 5	· 0,6	+ 1,4	·0,05	· sich selbst	+?=1	Q 20	Lö 0,9375
	4/9	10/9	10	1,2	6	3,6	5	0,25	0,0625	0,9375		

Kettenaufgabe 34

1,45	·100	· 2	+110	:100	· 1,5	· 2,5	+ 9,5	· 2	: 0,7	· 4/5	Q 11	Lö 56
	145	290	400	4	6	15	24,5	49	70	56		

Kettenaufgabe 35

1/4	: 1/5	+1 1/4	· 2	· 3/5	· 3	· 9	+ 9	:100	− 0,7	· 1,5	Q 3	Lö 0,3
	1,25	2,5	5	3	9	81	90	0,9	0,2	0,3		

Kettenaufgabe 36

0,24	·100	· 15	· 3/4	· 2/3	−160	· 1,7	−30,2	+5,6	: 2	· 5	Q 10	Lö 23,5
	24	360	270	180	20	34	3,8	9,4	4,7	23,5		

Kettenaufgabe 37

400	−180	: 5	· $\frac{3}{11}$	· sich selbst	+ 38	− 82	· 20	· $\frac{1}{5}$	· $\frac{3}{8}$	· $\frac{5}{6}$	Q 8	Lö 125
	220	44	12	144	182	100	2 000	400	150	125		

Kettenaufgabe 38

1,15	· 3	+1,05	: 0,5	: 0,9	: 0,2	· 1,4	· 0,8	− 6,6	− 9,4	· $\frac{15}{10}$	Q 6	Lö 60
	3,45	4,5	9	10	50	70	56	49,4	40	60		

Kettenaufgabe 39

10	: $\frac{5}{6}$	: 6	: 4	: $\frac{1}{4}$	: 6	: $\frac{1}{6}$	· 8	· 1,75	· 19	+ ? = 200	Q 13	Lö 67
	12	2	0,5	2	$\frac{1}{3}$	$\frac{1}{2}$	4	7	133	67		

Kettenaufgabe 40

9,2	− 3,4	+ 6$\frac{3}{5}$	− 7,5	+10,5	− 6,7	+51,3	: 0,3	+ 10	: 7	− 3,7	Q 11	Lö 26,3
	5,8	12,4	4,9	15,4	8,7	60	200	210	30	26,3		

Kettenaufgabe 41

0,9	· 3	· 5	· 4	: 10	: 3	· 8	· 5	: 9	· 7,5	+?= 100	Q 4	Lö 40
	2,7	13,5	54	5,4	1,8	14,4	72	8	60	40		

Kettenaufgabe 42

1,8	· 0,4	: 0,9	· 1,5	:0,03	· 0,08	·1000	: 40	+324	: 4	+?= 1 000	Q 26	Lö 899
	0,72	0,8	1,2	40	3,2	3 200	80	404	101	899		

Kettenaufgabe 43 Beachte die Punkt-vor-Strich-Regel!

2	· $\frac{4}{5}$	+ 2,4 : 3	+ 9 · $\frac{2}{5}$	: 12	+ 5,6 : 7	+ 10,7 : 4	Q 3	Lö 3
	1,6	2,4	6	0,5	1,3	3		

Kettenaufgabe 44

3 · 2,3	− (2 · 1$\frac{2}{5}$)	· (100 − 99)	+ 1$\frac{1}{10}$	: 4	− 4 · $\frac{3}{10}$	+ 0,9	Q 1	Lö 1
6,9	4,1	4,1	5,2	1,3	0,1	1		

Kettenaufgabe 45

5	· 0,7	− 2	· 1$\frac{1}{5}$	+ 4,5	− 4 · $\frac{3}{10}$	: 0,8	· 1$\frac{1}{2}$	· 4	Q 6	Lö 42
	3,5	1,1	5,6	0,1	7	10,5	42			

Kettenaufgabe 46

$\frac{4}{9}$	· $\frac{3}{5}$	+ $\frac{33}{45}$	: 1,25	· 0,75	· (3,5 + 4,5)	· (10 − 6)	− 12,5	+? = 10	Q 6	Lö 3,3
	$\frac{12}{45}$	1	0,8	0,6	4,8	19,2	6,7	3,3		

Kettenaufgabe 47

3	· 1$\frac{2}{3}$	· 2$\frac{3}{8}$	· 2	− 15$\frac{1}{2}$	· 5	+ 2$\frac{3}{4}$	· $\frac{5}{11}$	− 3 · 4	· (10 − 5,5)	Q 9	Lö 36
	5	11,88	23,75	8,25	41,25	44	20	8	36		

Lösungsblatt (mit Folie überzogen): Bitte arbeite mit einem wasserlöslichen Folienstift!

Aufgabe												
Lösung												

Aufgabe												
Lösung												

Aufgabe												
Lösung												

Aufgabe												
Lösung												

Aufgabe												
Lösung												

Aufgabe												
Lösung												

10 Memory: Rechenzeichen
Vorarbeit zum Rechnen mit Termen und Gleichungen

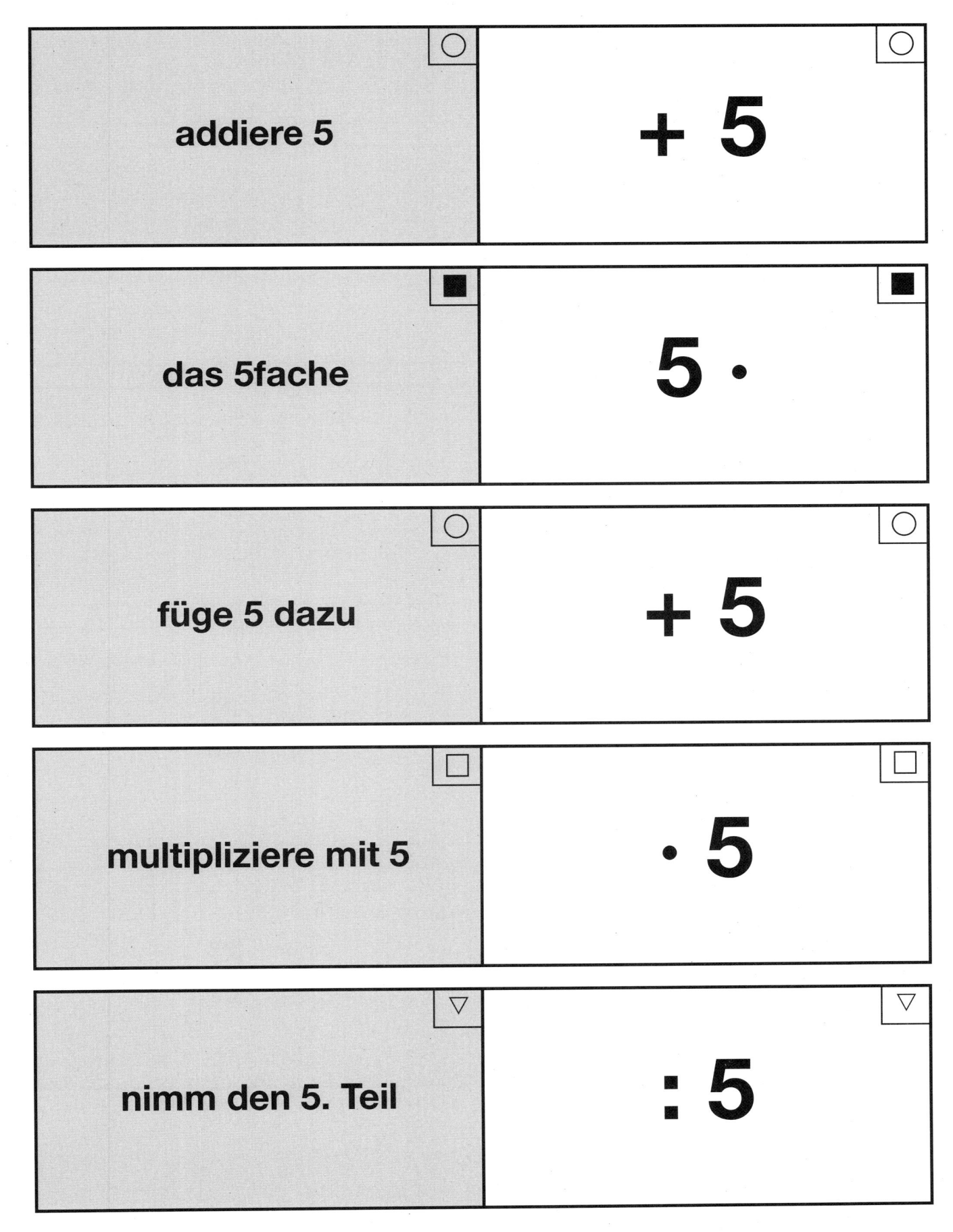

addiere 5	+ 5
das 5fache	5 ·
füge 5 dazu	+ 5
multipliziere mit 5	· 5
nimm den 5. Teil	: 5

nimm 5 weg	− 5
subtrahiere 5	− 5
teile durch 5	: 5
vermehre um 5	+ 5
vermindere um 5	− 5

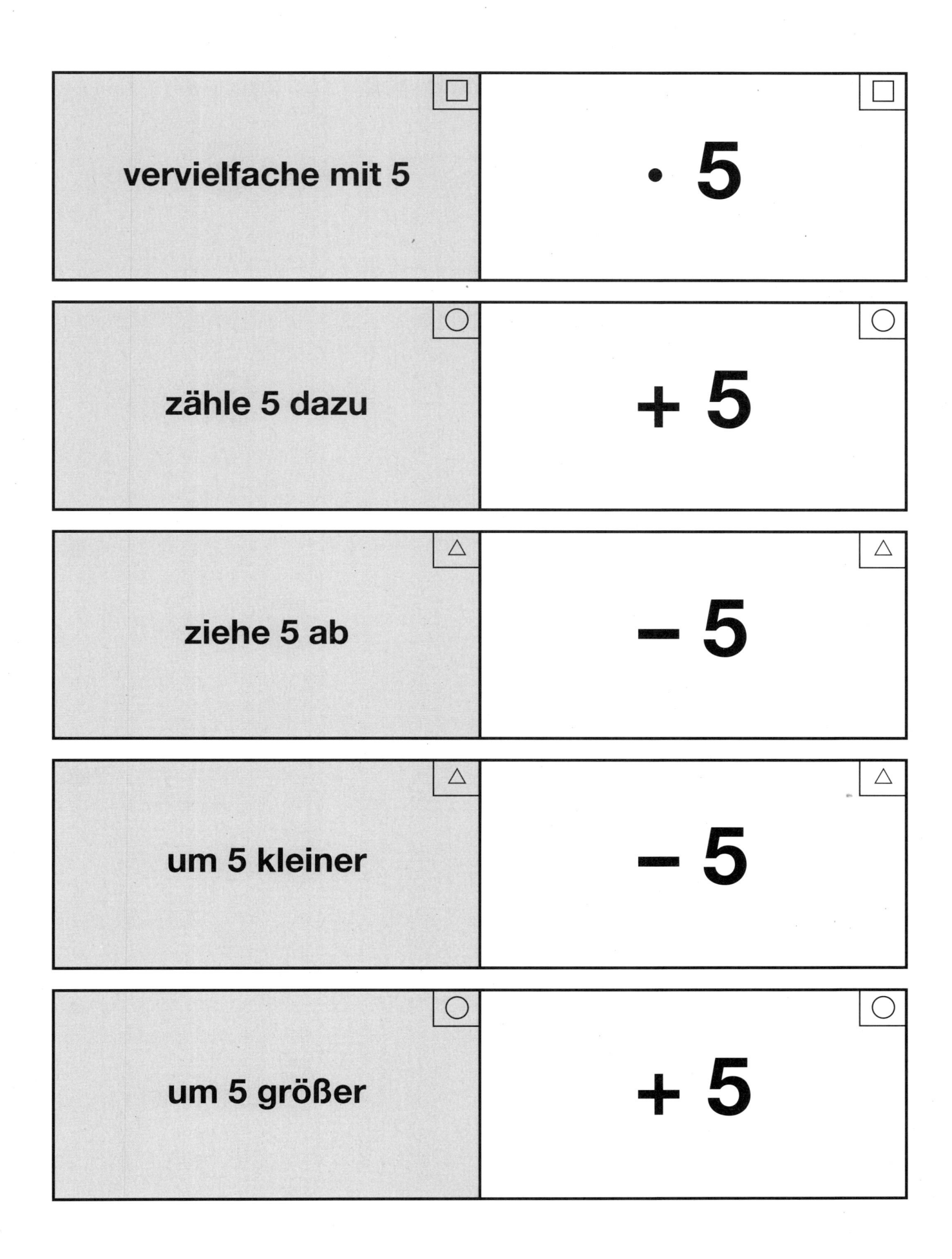

vervielfache mit 5	· 5
zähle 5 dazu	+ 5
ziehe 5 ab	− 5
um 5 kleiner	− 5
um 5 größer	+ 5

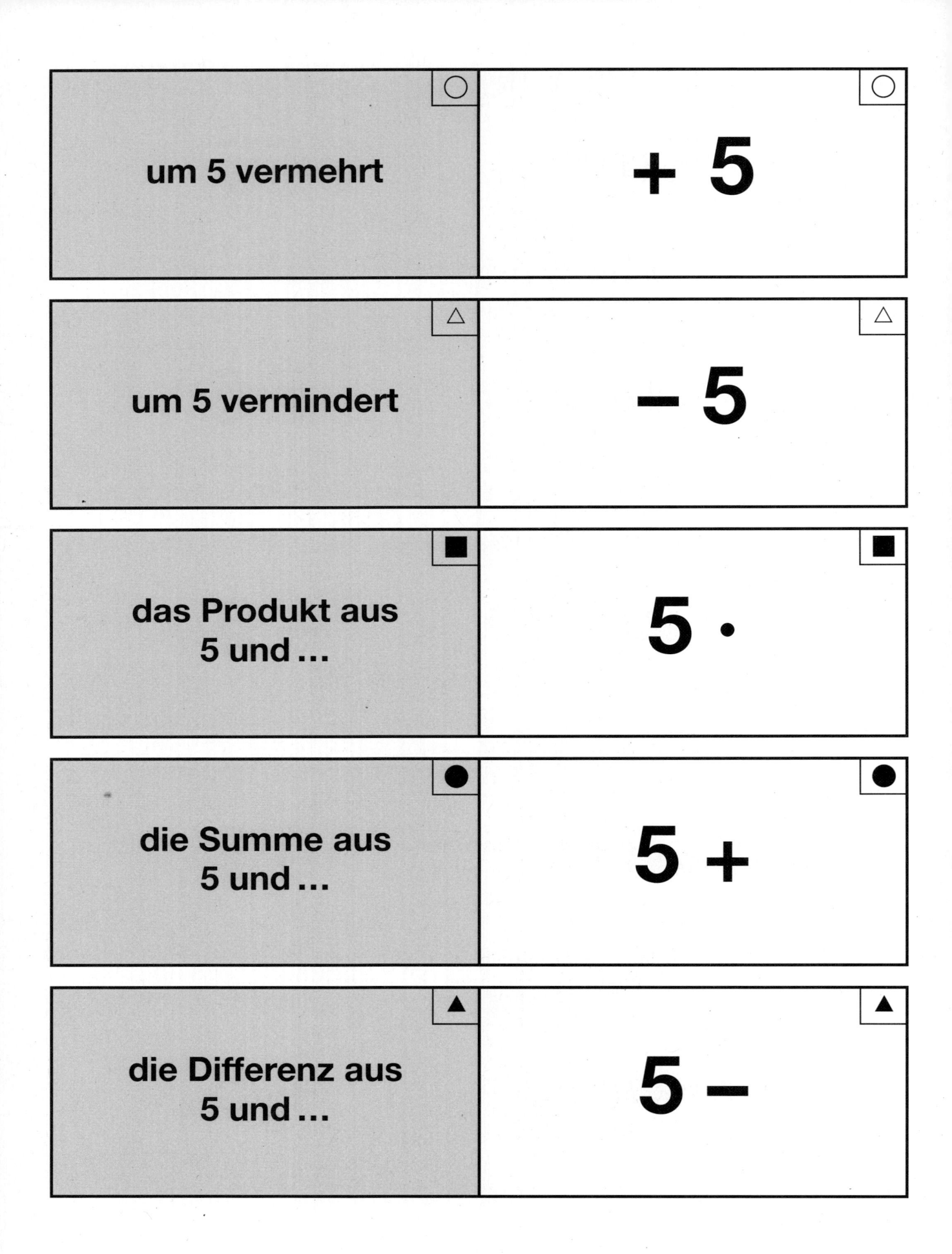

○ um 5 vermehrt	○ + 5
△ um 5 vermindert	△ − 5
■ das Produkt aus 5 und …	■ 5 ·
● die Summe aus 5 und …	● 5 +
▲ die Differenz aus 5 und …	▲ 5 −

den Quotienten aus 5 und … ▼	5 : ▼
der erste Faktor ist 5 ■	5 · ■
der erste Summand ist 5 ●	5 + ●
der Minuend ist 5 ▲	5 − ▲
der Subtrahend ist 5 △	− 5 △

der zweite Summand ist 5	+ 5
der Divisor ist 5	: 5
der Dividend ist 5	5 :
der fünfte Teil	: 5
das Produkt aus 5 und …	5 ·

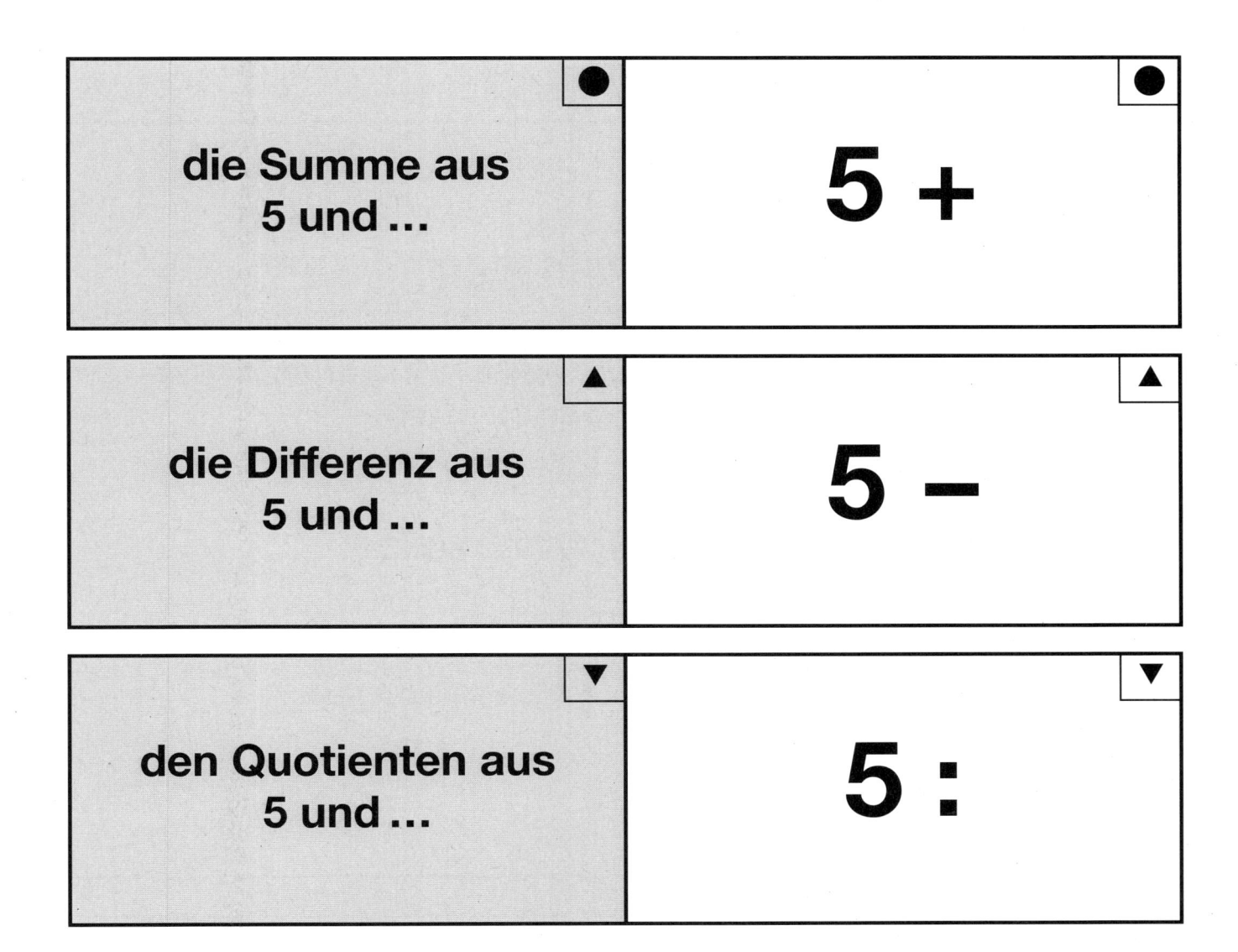

die Summe aus 5 und … ●	5 + ●
die Differenz aus 5 und … ▲	5 − ▲
den Quotienten aus 5 und … ▼	5 : ▼

11 Hilfekarten: Gleichungen/Terme

HILFEKARTE: Gleichungen/Terme

Eine **Gleichung** kann mit einer Waage verglichen werden.
Die **Waage** bleibt im **Gleichgewicht,** wenn für die Unbekannte x
das richtige Ergebnis gefunden wird.
Dies kann durch Umformung erreicht werden.

Beachte die Schreibweise:

1) „="-Zeichen untereinander schreiben!
2) Jeder Rechenschritt erscheint auf einer neuen Zeile!
3) Das Ergebnis in die Ausgangsgleichung eingesetzt, ergibt die Probe!

HILFEKARTE: Gleichungen/Terme

Umformen von Gleichungen:

Grundsätzlich gilt:

Eine Gleichung kann man umformen, wenn man auf beiden Seiten der Gleichung („Waage") dieselbe Rechnung durchführt!

Ziel der Umformung ist, dass am Schluss die Unbekannte x auf einer Seite steht.

$4x + 8 + x + 10 = 33$ | Wir ordnen die Glieder/fassen zusammen
$5x + 18 = 33$ | Wir nehmen von jeder Seite 18 weg/x isolieren
$5x + 18 - 18 = 33 - 18$ | Ein x ausrechnen/auf beiden Seiten : 5
$5x : 5 = 15 : 5$
$\underline{x = 3}$

HILFEKARTE: Gleichungen/Terme

Wir multiplizieren die Klammer aus:

Jedes Glied der Klammer wird mit der Zahl vor/hinter der Klammer multipliziert!

z. B.

$$5 \, (3x + 4) =$$
$$5 \cdot 3x + 5 \cdot 4 = \underline{15x + 20}$$

$$(8 - 2x) \, 4 =$$
$$8 \cdot 4 - 2x \cdot 4 = \underline{32 - 8x}$$

HILFEKARTE: Gleichungen/Terme

Wir dividieren die Klammer aus:

Jedes Glied der Klammer wird mit der Zahl vor/hinter der Klammer dividiert!

z. B.

$$5 : (3x + 4) =$$
$$5 : 3x + 5 : 4 = \underline{\tfrac{5}{3x} + \tfrac{5}{4}}$$

$$(8 - 2x) : 4 =$$
$$8 : 4 - 2x : 4 = \underline{2 - \tfrac{1}{2}x}$$

HILFEKARTE: Gleichungen/Terme

Vorzeichenregel:

Wir unterscheiden zwischen **Vorzeichen** und **Rechenzeichen** für Zahlen.

Bei den Vorzeichen erfahren wir, ob es sich um positive oder negative Zahlen handelt.

Zahlenstrahl:

negative Zahlen   positive Zahlen

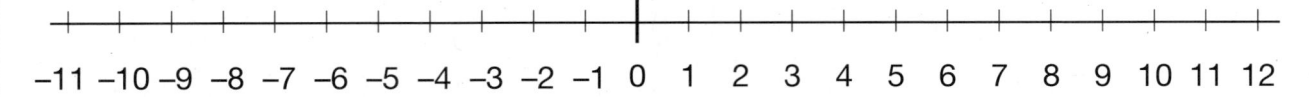

–11 –10 –9 –8 –7 –6 –5 –4 –3 –2 –1 0 1 2 3 4 5 6 7 8 9 10 11 12

Die Rechenzeichen geben an, ob wir addieren oder subtrahieren sollen.

$$10 - 5 + 3 - 2 = 6$$

Bei Plusaufgaben gehen wir auf dem Zahlenstrahl immer nach rechts, bei Minusaufgaben gehen wir nach links!

HILFEKARTE: Gleichungen/Terme

Vorzeichenregel für Multiplikation und Division:

Wenn zwei Faktoren das gleiche Vorzeichen haben, ist das Produkt immer positiv!

$$(+a) \cdot (+b) = +ab$$
$$(-a) \cdot (-b) = +ab$$

Haben zwei Faktoren verschiedene Vorzeichen, so ist das Produkt immer negativ!

$$(+a) \cdot (-b) = -ab$$
$$(-a) \cdot (+b) = -ab$$

Haben bei einer Division Dividend und Divisor das gleiche Vorzeichen, so ist der Quotient immer positiv!

$$(+a) : (+b) = +\frac{a}{b}$$
$$(-a) : (-b) = +\frac{a}{b}$$

Haben bei einer Division Dividend und Divisor verschiedene Vorzeichen, so ist der Quotient immer negativ!

$$(+a) : (-b) = -\frac{a}{b}$$
$$(-a) : (+b) = -\frac{a}{b}$$

HILFEKARTE: Gleichungen/Terme

Beim Lösen der Gleichung müssen wir die **Rechenregeln** beachten:

1. Klammer hat Vorfahrt!
2. Punkt vor Strich! (Multiplikation und Division)
3. Von links nach rechts!

$$
\begin{aligned}
6x - (24 - 3x) &= x - (2x - 6) & &\mid \text{Klammer auflösen!} \\
6x - 24 + 3x &= x - 2x + 6 & &\mid \text{Ordnen! Zusammenfassen!} \\
9x - 24 &= -x + 6 & &\mid + x \\
10x - 24 &= 6 & &\mid + 24 \\
10x &= 6 + 24 & & \\
10x &= 30 & &\mid : 10 \\
x &= 30 : 10 & & \\
\underline{x &= 3} & &
\end{aligned}
$$

HILFEKARTE: Gleichungen/Terme

Wir lösen Klammern auf!

Wenn ein „+" vor der Klammer steht,
darf man die Klammer einfach weglassen.
Die Rechenzeichen („+" und „−") in der Klammer verändern sich nicht!

$$a + (b + c - d) = a + b + c - d$$

Wenn ein „−" vor der Klammer steht, verändern sich beim Auflösen der Klammer die Rechenzeichen („+" und „−") innerhalb der Klammer!

$$a - (b + c - d) = a - b - c + d$$
$$a - (-b + c + d) = a + b - c - d$$

HILFEKARTE: Gleichungen/Terme

Eine Gleichung lösen heißt,
die unbekannte Zahl zu errechnen.

HILFEKARTE: Gleichungen/Terme

Wir errechnen die Unbekannte einer Gleichung, indem wir die Gleichung so lange umformen, bis der Platzhalter (meistens mit x bezeichnet) allein und nur auf einer Seite steht. Dann ist die Lösung direkt ablesbar. Man nennt das Äquivalenzumformung:

a) Addition und Subtraktion *derselben Zahl* auf *beiden* Seiten der Gleichung

$$x - 4 = 8 \quad | +4$$
$$x - 4 + 4 = 8 + 4$$
$$\underline{\underline{x = 12}}$$

b) Multiplikation und Division beider Seiten der Gleichung mit einer Zahl

$$\frac{x}{5} = 3 \quad | \cdot 5$$
$$\frac{x}{5} \cdot 5 = 3 \cdot 5$$
$$\underline{\underline{x = 15}}$$

$$15x - 3 = 57 \quad | +3$$
$$15x - 3 + 3 = 57 + 3$$
$$15x = 60 \quad | :15$$
$$15x : 15 = 60 : 15$$
$$\underline{\underline{x = 4}}$$

HILFEKARTE: Gleichungen/Terme

Platzhalter,
auch Leerstellen oder Variable genannt, sind Zeichen
für Zahlen, die in Gleichungen und Termen vorkommen können.
Als Platzhalter werden Buchstaben wie a, b, x, y oder andere
Zeichen verwendet.

Beispiel:

Gleichung: $12 + 4x - (2x - 8) = 28$
Term: $34x - 28 + 5y$

HILFEKARTE: Gleichungen/Terme

Aussageformen
sind Gleichungen oder Ungleichungen mit Platzhaltern,
die dann in Aussagen übergehen, wenn für die Platzhalter
Zahlen eingesetzt werden. Aussageformen sind weder
wahr noch falsch.

12 Spiel: Kopfrechenaufgaben zum Errechnen einer Unbekannten in einer Gleichung

Spielplan:

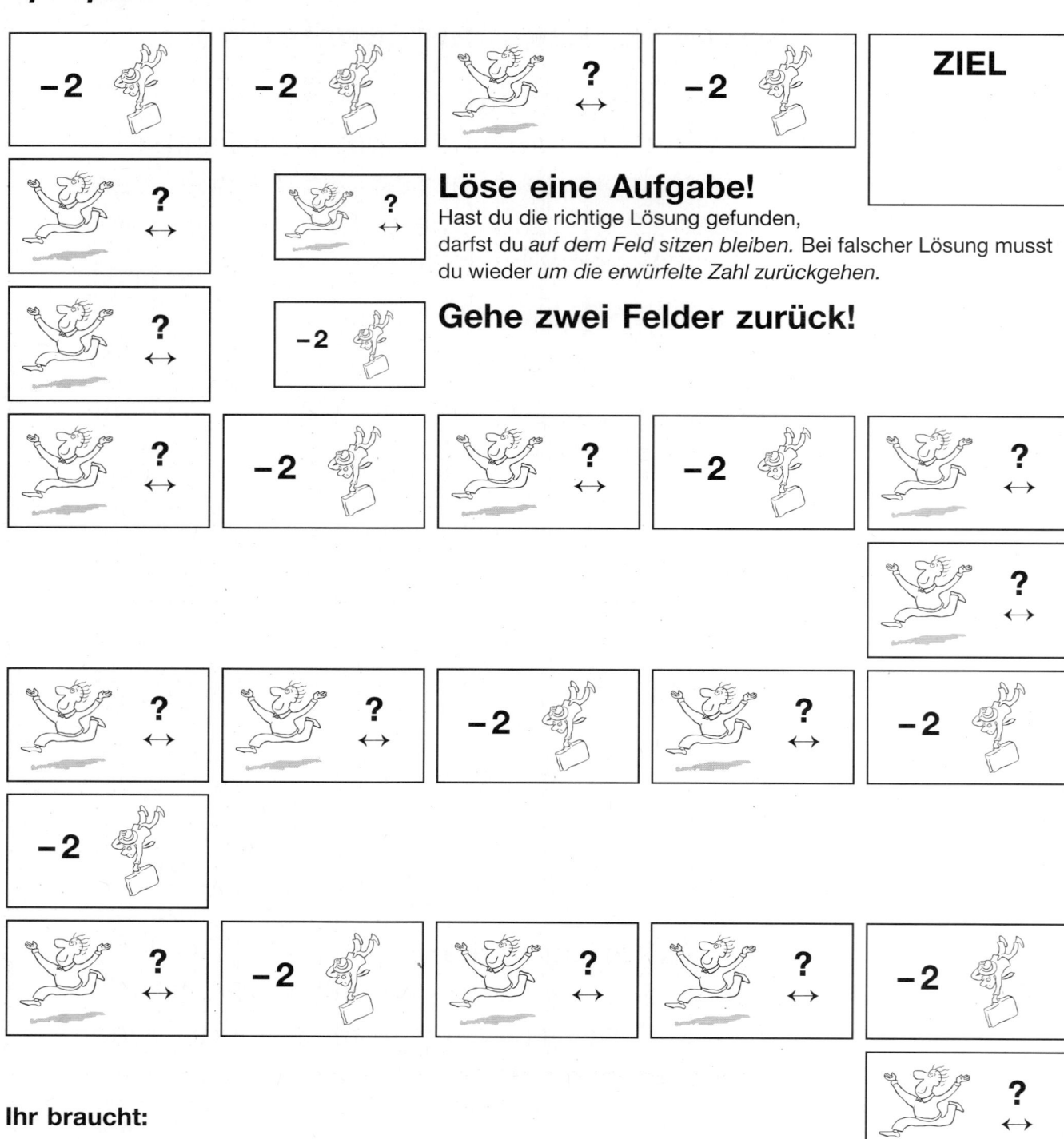

Löse eine Aufgabe!
Hast du die richtige Lösung gefunden, darfst du *auf dem Feld sitzen bleiben*. Bei falscher Lösung musst du wieder *um die erwürfelte Zahl zurückgehen*.

Gehe zwei Felder zurück!

Ihr braucht:

Aufgabenkarten, einen Würfel und je Mitspieler eine Spielfigur

Wer ist als Erster am Ziel?

88

Karten mit Kopfrechenaufgaben

Berechne den Wert von x! $5x + 51 = 111$	$x = 12$
Berechne den Wert von x! $6x + 12 = 66$	$x = 9$
Berechne den Wert von x! $9x + 7 = 79$	$x = 8$
Berechne den Wert von x! $8x + 2 = 58$	$x = 7$
Berechne den Wert von x! $6x - 8 = 94$	$x = 17$

Berechne den Wert von x! $11x - 15 = 150$	$x = 15$
Berechne den Wert von x! $9x - 4 = 122$	$x = 14$
Berechne den Wert von x! $8x - 2 = 102$	$x = 13$
Berechne den Wert von x! $x - 27 = 6$	$x = 33$
Berechne den Wert von x! $x - 81 = 23$	$x = 104$

Berechne den Wert von x! $2x + 29 = 67$	$x = 19$
Berechne den Wert von x! $x - 82 = 13$	$x = 95$
Berechne den Wert von x! $7x + 84 = 126$	$x = 6$
Berechne den Wert von x! $x : 11 = 8$	$x = 88$
Berechne den Wert von x! $3x \cdot 5 = 120$	$x = 8$

Berechne den Wert von x! 4 x : 3 = 12	x = 9
Berechne den Wert von x! 5 x + 7 = 62	x = 11
Berechne den Wert von x! 3 x − 8 = 28	x = 12
Berechne den Wert von x! 7 x − 8 = 83	x = 13
Berechne den Wert von x! 10 x + 2 = 42	x = 4

Berechne den Wert von x! $x + 56 = 61$	$x = 5$
Berechne den Wert von x! $6x - 12 = 18$	$x = 5$
Berechne den Wert von x! $9x - 7 = 47$	$x = 6$
Berechne den Wert von x! $8x - 2 = 54$	$x = 7$
Berechne den Wert von x! $6x + 8 = 62$	$x = 9$

Berechne den Wert von x! **11 x − 5 = 116**	*x = 11*
Berechne den Wert von x! **x + 4 = 6,5**	*x = 2,5*
Berechne den Wert von x! **10 x − 2 = 128**	*x = 13*
Berechne den Wert von x! **x + 56 = 83**	*x = 27*
Berechne den Wert von x! **x − 81 = 29**	*x = 110*

Berechne den Wert von x! **9 x = 72**	*x = 8*
Berechne den Wert von x! **3 x : 5 = 3**	*x = 5*
Berechne den Wert von x! **9 x = 153**	*x = 17*
Berechne den Wert von x! **x : 6 = 8**	*x = 48*
Berechne den Wert von x! **x − 28 = 15**	*x = 43*

Berechne den Wert von x! $x - 92 = 13$	$x = 105$
Berechne den Wert von x! $7x = 126$	$x = 18$
Berechne den Wert von x! $x : 5 = 8$	$x = 40$
Berechne den Wert von x! $6x \cdot 7 = 210$	$x = 5$
Berechne den Wert von x! $4x : 3 = 16$	$x = 12$

Berechne den Wert von x! $5x + 7 = 72$	$x = 13$
Berechne den Wert von x! $3x - 8 = 43$	$x = 17$
Berechne den Wert von x! $15x - 31 = 29$	$x = 4$

13 Spiel: Termglück

Berechne den Wert des Terms!

Spielanleitung:

Bitte halte die Reihenfolge ein! (Du darfst deinen Taschenrechner benutzen!)

1. Ziehe eine Aufgabenkarte!	z. B.: **3 (22 − 5 + x)**
2. Vereinfache den Term!	**3 (22 − 5 + 5 x)** 3 (17 + 5 x) 51 + 5 x
3. Ermittle durch Würfeln den Wert für x!	x = 7
4. Errechne den Term!	51 + 5 · 7 = 86
5. Kontrolliere dein Ergebnis mit Hilfe der Kartenrückseite!	x = 7 ⟶ 86

Du brauchst:

Aufgabenkarten mit 6 möglichen Lösungen

Würfel: x = 2; x = 3; x = 5; x = 7; x = 9; x = 15;

Stellen Sie diesen Würfel aus festem Karton her oder beschriften Sie einen Holzwürfel entsprechend:

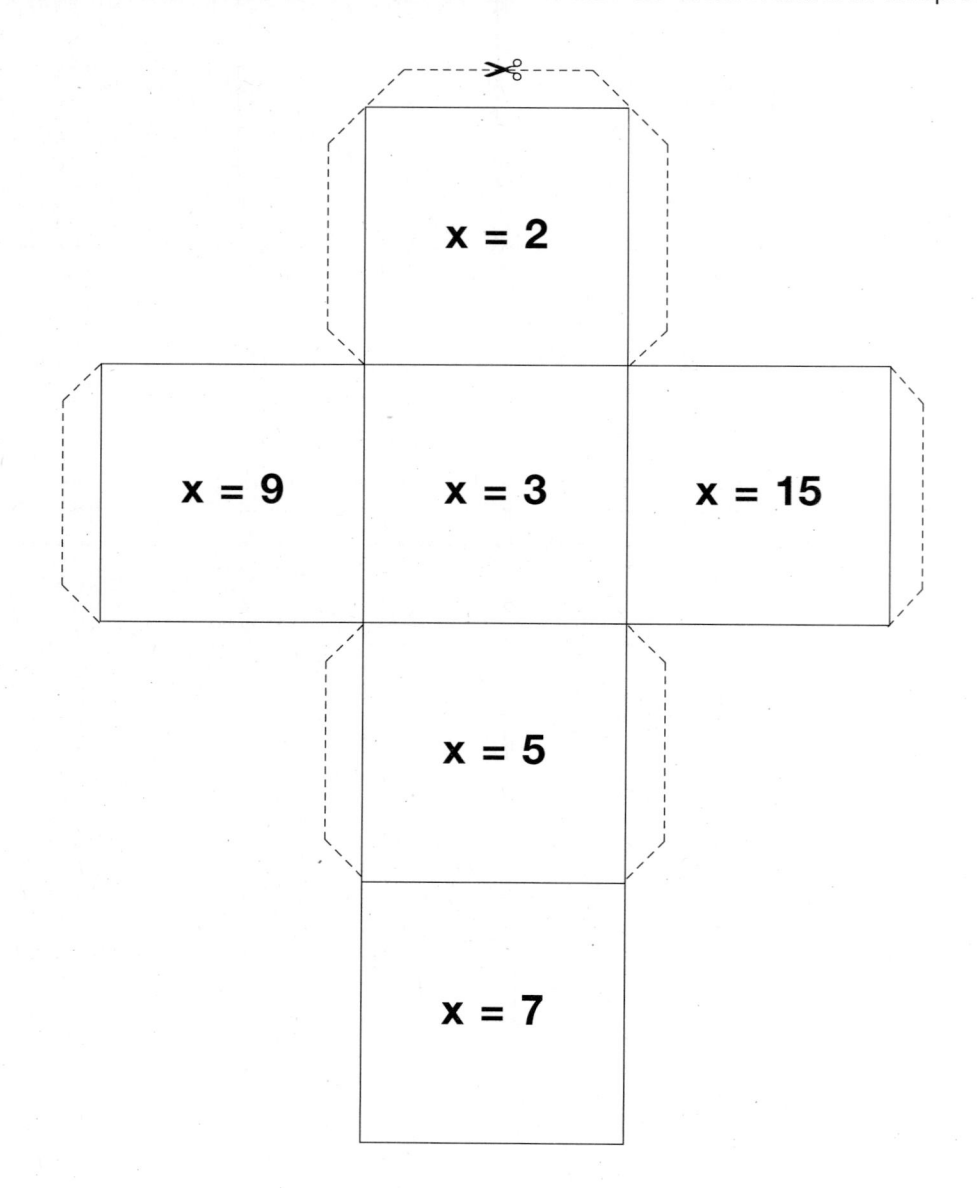

x = 2

x = 9   x = 3   x = 15

x = 5

x = 7

Aufgabe:

7 x (12 − 7 + 2) − 50

$$\frac{7\ x\ (12 - 7 + 2) - 50}{7\ x \cdot 7 - 50}$$
49 x − 50

x = 2	⟶	48
x = 3	⟶	97
x = 5	⟶	195
x = 7	⟶	293
x = 9	⟶	391
x = 15	⟶	685

Aufgabe:

180 − (2 x + 32) + 5

$$\frac{180 - (2\ x + 32) + 5}{180 - 2\ x - 32 + 5}$$
153 − 2 x

x = 2	⟶	149
x = 3	⟶	147
x = 5	⟶	143
x = 7	⟶	139
x = 9	⟶	135
x = 15	⟶	123

Aufgabe:

2 (12 − 5 + 4 x)

$$\frac{2\ (12 - 5 + 4\ x)}{2\ (7 + 4\ x)}$$
14 + 8 x

x = 2	⟶	30
x = 3	⟶	38
x = 5	⟶	54
x = 7	⟶	70
x = 9	⟶	86
x = 15	⟶	134

Aufgabe:

3 (22 − 5 + 5 x)

$$\frac{3\ (22 - 5 + 5\ x)}{3\ (17 + 5\ x)}$$
51 + 15 x

x = 2	⟶	81
x = 3	⟶	96
x = 5	⟶	126
x = 7	⟶	156
x = 9	⟶	186
x = 15	⟶	276

Aufgabe:

x (123 − 200 + 95) − 15

---

x (123 − 200 + 95) − 15
x · 18 − 15
18 x − 15

x = 2	⟶	21
x = 3	⟶	39
x = 5	⟶	75
x = 7	⟶	111
x = 9	⟶	147
x = 15	⟶	255

Aufgabe:

3 x (150 − 25 + 8) − 3

---

3 x (150 − 25 + 8) − 3
3 x · 133 − 3
399 x − 3

x = 2	⟶	795
x = 3	⟶	1194
x = 5	⟶	1992
x = 7	⟶	2790
x = 9	⟶	3588
x = 15	⟶	5982

Aufgabe:

5 x (120 − 20 − 8) + 830

---

5 x (120 − 20 − 8) + 830
5 x (100 − 8) + 830
5 x · 92 + 830
460 x + 830

x = 2	⟶	1750
x = 3	⟶	2210
x = 5	⟶	3130
x = 7	⟶	4050
x = 9	⟶	4970
x = 15	⟶	7730

Aufgabe:

4 (13 − x + 6 x) − 10

---

4 (13 − x + 6 x) − 10
4 (13 + 5 x) − 10
52 + 20 x − 10
42 + 20 x

x = 2	⟶	82
x = 3	⟶	102
x = 5	⟶	142
x = 7	⟶	182
x = 9	⟶	222
x = 15	⟶	342

Aufgabe:

5 x (12 + 18 : 2)

$$\frac{5 \times (12 + 18 : 2)}{60x + 45x}$$
5 x (12 + 9)
105 x

x = 2	→	210
x = 3	→	315
x = 5	→	525
x = 7	→	735
x = 9	→	945
x = 15	→	1575

Aufgabe:

200 − (45 − 6 x)

$$\frac{200 - (45 - 6x)}{200 - 45 + 6x}$$
155 + 6 x

x = 2	→	167
x = 3	→	173
x = 5	→	185
x = 7	→	197
x = 9	→	209
x = 15	→	245

Aufgabe:

6 (15 x − 5) + 35

$$\frac{6(15x - 5) + 35}{90x - 30 + 35}$$
90 x − 5

x = 2	→	175
x = 3	→	265
x = 5	→	445
x = 7	→	625
x = 9	→	805
x = 15	→	1345

Aufgabe:

11 x (2 − 3 + 5)

$$\frac{11x(2 - 3 + 5)}{11x \cdot 4}$$
44 x

x = 2	→	88
x = 3	→	132
x = 5	→	220
x = 7	→	308
x = 9	→	396
x = 15	→	660

Aufgabe:

3 (15 − 2 x) + 7

$$\frac{3\,(15 - 2x) + 7}{45 - 6x + 7}$$
52 − 6 x

x = 2	⟶	40
x = 3	⟶	34
x = 5	⟶	22
x = 7	⟶	10
x = 9	⟶	− 2
x = 15	⟶	−38

Aufgabe:

250 − (5 x − 20)

$$\frac{250 - (5x - 20)}{250 - 5x + 20}$$
270 − 5 x

x = 2	⟶	260
x = 3	⟶	255
x = 5	⟶	245
x = 7	⟶	235
x = 9	⟶	225
x = 15	⟶	195

Aufgabe:

120 + (5 x − 60)

$$\frac{120 + (5x - 60)}{120 + 5x - 60}$$
60 + 5 x

x = 2	⟶	70
x = 3	⟶	75
x = 5	⟶	85
x = 7	⟶	95
x = 9	⟶	105
x = 15	⟶	135

14 Aufgabenkartei:
Textaufgaben zu Gleichungen mit einer Unbekannten
(Aufgabe – Lösungsweg – Lösung)

Das Vierfache einer um 12 verminderten Zahl ergibt 48.

Das Vierfache einer um 12 verminderten Zahl ergibt 48.

$$4x - 12 = 48 \quad | +12$$
$$4x = 48 + 12$$
$$4x = 60 \quad | :4$$
$$x = 60 : 4$$
$$\underline{x = 15}$$

Subtrahiere von 19 das Dreifache einer Zahl dann erhältst du 1.

Subtrahiere von 19 das Dreifache einer Zahl dann erhältst du 1.

$$19 - 3x = 1 \quad | +3x - 1$$
$$19 - 1 = 3x$$
$$3x = 18 \quad | :3$$
$$x = 18 : 3$$
$$\underline{x = 6}$$

Addiert man zum Doppelten einer Zahl 8, so erhält man 24.

Addiert man zum Doppelten einer Zahl 8, so erhält man 24.

$$2x + 8 = 24 \quad | -8$$
$$2x = 24 - 8$$
$$2x = 16 \quad | :2$$
$$x = 16 : 2$$
$$\underline{x = 8}$$

Wenn du zu 46 das Fünffache einer Zahl addierst, so erhältst du 151.

Wenn du zu 46 das Fünffache einer Zahl addierst, so erhältst du 151.

$$46 + 5x = 151 \quad | -46$$
$$5x = 151 - 46$$
$$5x = 105 \quad | :5$$
$$x = 105 : 5$$
$$\underline{x = 21}$$

Verdoppelt man eine Zahl und subtrahiert 5, so erhält man dasselbe, wie wenn man 3 mehr als die Zahl selber nimmt.

Verdoppelt man eine Zahl und subtrahiert 5, so erhält man dasselbe, wie wenn man 3 mehr als die Zahl selber nimmt.

$$\begin{aligned} 2x - 5 &= x + 3 & |+5 \\ 2x - 5 + 5 &= x + 3 + 5 & |-x \\ 2x - x &= x + 8 - x \\ \underline{x} &= \underline{8} \end{aligned}$$

Wenn ich die Hälfte einer Zahl um 18,5 vermehre, erhalte ich die Differenz aus 52 und 29.

Wenn ich die Hälfte einer Zahl um 18,5 vermehre, erhalte ich die Differenz aus 52 und 29.

$$\begin{aligned} \tfrac{x}{2} + 18,5 &= 52 - 29 & |-18,5 \\ \tfrac{x}{2} + 18,5 - 18,5 &= 23 - 18,5 \\ \tfrac{x}{2} &= 4,5 & |\cdot 2 \\ \tfrac{x}{2} \cdot 2 &= 4,5 \cdot 2 \\ \underline{x} &= \underline{9} \end{aligned}$$

Wenn ich vom 6. Teil einer Zahl das Produkt aus 48 und 1,25 subtrahiere, erhalte ich den halben Quotienten aus 120 und 2,5.

Wenn ich vom 6. Teil einer Zahl das Produkt aus 48 und 1,25 subtrahiere, erhalte ich den halben Quotienten aus 120 und 2,5.

$$\begin{aligned} \tfrac{x}{6} - 48 \cdot 1,25 &= (120 : 2,5) : 2 \\ \tfrac{x}{6} - 60 &= 48 : 2 & |+60 \\ \tfrac{x}{6} &= 24 + 60 & |\cdot 6 \\ \tfrac{x}{6} \cdot 6 &= 84 \cdot 6 \\ \underline{x} &= \underline{504} \end{aligned}$$

Wenn man zum Vierfachen einer Zahl deren Dreifaches addiert und 13 subtrahiert, so erhält man 1 mehr als das Fünffache dieser Zahl.

Wenn man zum Vierfachen einer Zahl deren Dreifaches addiert und 13 subtrahiert, so erhält man 1 mehr als das Fünffache dieser Zahl.

$$\begin{aligned} 4x + 3x - 13 &= 5x + 1 \\ 7x - 13 &= 5x + 1 & |+13 \\ 7x &= 5x + 1 + 13 & |-5x \\ 7x - 5x &= 5x - 5x + 14 & |:2 \\ 2x : 2 &= 14 \\ \underline{x} &= \underline{7} \end{aligned}$$

Subtrahiert man vom Fünffachen einer Zahl 8, so erhält man das Dreifache der Zahl, vermehrt um 12.

Subtrahiert man vom Fünffachen einer Zahl 8, so erhält man das Dreifache der Zahl, vermehrt um 12.

$$5x - 8 = 3x + 12 \quad | +8$$
$$5x = 3x + 12 + 8 \quad | -3x$$
$$5x - 3x = 20 \quad | :2$$
$$2x : 2 = 20 : 2$$
$$\underline{x = 10}$$

Wenn ich vom Doppelten einer Zahl das Produkt aus 48 und 0,25 subtrahiere, erhalte ich $\frac{2}{3}$ dieser Zahl.

Wenn ich vom Doppelten einer Zahl das Produkt aus 48 und 0,25 subtrahiere, erhalte ich $\frac{2}{3}$ dieser Zahl.

$$2x - 48 \cdot 0{,}25 = \tfrac{2}{3}x$$
$$2x - 12 = \tfrac{2}{3}x \quad | +12$$
$$2x = \tfrac{2}{3}x + 12 \quad | -\tfrac{2}{3}x$$
$$2x - \tfrac{2}{3}x = 12$$
$$\tfrac{4}{3}x = 12 \quad | \cdot 3 : 4$$
$$\tfrac{4}{3}x \cdot \tfrac{3}{4} = 12 \cdot 3 : 4$$
$$\underline{x = 9}$$

Ich addiere zum 3. Teil einer Zahl 1,5 und erhalte den Quotienten aus 3,9 und 1,3.

Ich addiere zum 3. Teil einer Zahl 1,5 und erhalte den Quotienten aus 3,9 und 1,3.

$$\tfrac{x}{3} + 1{,}5 = 3{,}9 : 1{,}3$$
$$\tfrac{x}{3} + 1{,}5 = 3 \quad | -1{,}5$$
$$\tfrac{x}{3} = 3 - 1{,}5 \quad | \cdot 3$$
$$\tfrac{x}{3} \cdot 3 = 1{,}5 \cdot 3$$
$$\underline{x = 4{,}5}$$

Der 4. Teil einer Zahl vermindert um 39, ergibt den Quotienten aus 38,5 und 3,5.

Der 4. Teil einer Zahl vermindert um 39, ergibt den Quotienten aus 38,5 und 3,5.

$$\tfrac{x}{4} - 39 = 38{,}5 : 3{,}5$$
$$\tfrac{x}{4} - 39 = 11 \quad | +39$$
$$\tfrac{x}{4} = 11 + 39 \quad | \cdot 4$$
$$\tfrac{x}{4} \cdot 4 = 50 \cdot 4$$
$$\underline{x = 200}$$

Wenn ich vom Doppelten einer Zahl 12 subtrahiere, erhalte ich das Produkt aus 4,5 und $1\frac{1}{3}$.

Wenn ich vom Doppelten einer Zahl 12 subtrahiere, erhalte ich das Produkt aus 4,5 und $1\frac{1}{3}$.

$$
\begin{aligned}
2x - 12 &= 4{,}5 \cdot 1\tfrac{1}{3} & \\
2x - 12 &= \tfrac{18}{3} = 6 & \vert\ +12 \\
2x &= 6 + 12 & \vert\ :2 \\
2x : 2 &= 18 : 2 & \\
x &= \underline{9}
\end{aligned}
$$

Wenn ich zum Zehnfachen einer Zahl 20 addiere, erhalte ich das Produkt aus 120 und 1,25.

Wenn ich zum Zehnfachen einer Zahl 20 addiere, erhalte ich das Produkt aus 120 und 1,25.

$$
\begin{aligned}
10x + 20 &= 120 \cdot 1{,}25 & \\
10x + 20 &= 150 & \vert\ -20 \\
10x + 20 - 20 &= 150 - 20 & \vert\ :10 \\
10x : 10 &= 130 : 10 & \\
x &= \underline{13}
\end{aligned}
$$

Subtrahiert man von einer Zahl 9, so erhält man halb so viel, wie wenn man zum Achtfachen dieser Zahl 6 addiert.

Subtrahiert man von einer Zahl 9, so erhält man halb so viel, wie wenn man zum Achtfachen dieser Zahl 6 addiert.

$$
\begin{aligned}
x - 9 &= (8x + 6) : 2 & \\
x - 9 &= 4x + 3 & \vert\ -x \\
-9 &= 3x + 3 & \vert\ -3 \\
-9 - 3 &= 3x & \\
-12 &= 3x & \vert\ :3 \\
x &= \underline{-4}
\end{aligned}
$$

Subtrahiert man vom Fünffachen einer Zahl 8, so erhält man halb so viel, wie wenn man zum Achtfachen dieser Zahl 6 addiert.

Subtrahiert man vom Fünffachen einer Zahl 8, so erhält man halb so viel, wie wenn man zum Achtfachen dieser Zahl 6 addiert.

$$
\begin{aligned}
5x - 8 &= (8x + 6) : 2 & \\
5x - 8 &= 4x + 3 & \vert\ +8 \\
5x &= 4x + 3 + 8 & \vert\ -4x \\
5x - 4x &= 11 & \\
x &= \underline{11}
\end{aligned}
$$

Wenn ich das Produkt aus 16 und 1,5 um das Doppelte einer Zahl vermehre, erhalte ich 40 mehr als die Zahl selbst.

Wenn ich das Produkt aus 16 und 1,5 um das Doppelte einer Zahl vermehre, erhalte ich 40 mehr als die Zahl selbst.

$$16 \cdot 1{,}5 + 2x = x + 40$$
$$24 + 2x = x + 40 \quad | -24$$
$$2x = x + 40 - 24 \quad | -x$$
$$2x - x = 16$$
$$\underline{x = 16}$$

Verdopple eine Zahl und vermindere sie um 66, dann erhältst du 1 weniger als den 7. Teil der Zahl.

Verdopple eine Zahl und vermindere sie um 66, dann erhältst du 1 weniger als den 7. Teil der Zahl.

$$2x - 66 = \tfrac{x}{7} - 1 \quad | +1$$
$$2x - 66 + 1 = \tfrac{x}{7} \quad | -\tfrac{x}{7}$$
$$2x - \tfrac{x}{7} - 65 = 0 \quad | +65$$
$$1\tfrac{6}{7}x = 65 \quad | :1\tfrac{6}{7} \text{ oder } :\tfrac{13}{7}$$
$$\quad\quad\quad\quad\quad\quad\quad | \text{ oder } \cdot \tfrac{7}{13}$$
$$x = 65 \cdot 13 : 7$$
$$\underline{x = 35}$$

Wenn ich den 5. Teil einer Zahl um den Quotienten aus 120 und 5 vermehre, erhalte ich das Produkt aus $3\tfrac{1}{3}$ und 6.

Wenn ich den 5. Teil einer Zahl um den Quotienten aus 120 und 5 vermehre, erhalte ich das Produkt aus $3\tfrac{1}{3}$ und 6.

$$x : 5 + 120 : 5 = 3\tfrac{1}{3} \cdot 6$$
$$x : 5 + 24 = \tfrac{60}{3} = 20 \quad | -24$$
$$x : 5 = 20 - 24 \quad | \cdot 5$$
$$x : 5 \cdot 5 = -4 \cdot 5$$
$$\underline{x = -20}$$

Wenn ich vom 6. Teil einer Zahl das Produkt aus 24 und 2,5 subtrahiere, erhalte ich den Quotienten aus 36 und 1,5.

Wenn ich vom 6. Teil einer Zahl das Produkt aus 24 und 2,5 subtrahiere, erhalte ich den Quotienten aus 36 und 1,5.

$$x : 6 - 24 \cdot 2{,}5 = 36 : 1{,}5$$
$$x : 6 - 60 = 24 \quad | +60$$
$$x : 6 = 24 + 60 \quad | \cdot 6$$
$$x : 6 \cdot 6 = 84 \cdot 6$$
$$\underline{x = 504}$$

Wenn du das Neunfache einer Zahl um 39 verminderst, so erhältst du das Produkt aus 1 000 und 0,069.

Wenn du das Neunfache einer Zahl um 39 verminderst, so erhältst du das Produkt aus 1 000 und 0,069.

$$9x - 39 = 1\,000 \cdot 0{,}069 \quad |+39$$
$$9x = 69 + 39 \quad |:9$$
$$9x : 9 = 108 : 9$$
$$\underline{x = 12}$$

Vervielfache den 3. Teil einer Zahl mit 36, so bekommst du die Hälfte von 720.

Vervielfache den 3. Teil einer Zahl mit 36, so bekommst du die Hälfte von 720.

$$\tfrac{x}{3} \cdot 36 = 720 : 2$$
$$12x = 360 \quad |:12$$
$$x = 360 : 12$$
$$\underline{x = 30}$$

Wenn du den Quotienten aus 360 und 1,5 um das Doppelte einer Zahl vermehrst, so erhältst du den Quotienten aus 25 und 0,1.

Wenn du den Quotienten aus 360 und 1,5 um das Doppelte einer Zahl vermehrst, so erhältst du den Quotienten aus 25 und 0,1.

$$360 : 1{,}5 + 2x = 25 : 0{,}1$$
$$240 + 2x = 250 \quad |-240$$
$$2x = 250 - 240 \quad |:2$$
$$x = 10 : 2$$
$$\underline{x = 5}$$

Vermindere die Differenz aus 268 und 148 um das Zehnfache einer Zahl, so heißt das Ergebnis 1 000, vermindert um das Zwölffache der Zahl.

Vermindere die Differenz aus 268 und 148 um das Zehnfache einer Zahl, so heißt das Ergebnis 1 000, vermindert um das Zwölffache der Zahl.

$$268 - 148 - 10x = 1\,000 - 12x$$
$$120 - 10x = 1\,000 - 12x \quad |+12x$$
$$120 - 10x + 12x = 1\,000 \quad |-120$$
$$12x - 10x = 1\,000 - 120 \quad |:2$$
$$2x : 2 = 880 : 2$$
$$\underline{x = 440}$$

Halbiere eine Zahl und subtrahiere 27, so erhältst du den 4. Teil der Zahl vermehrt um 0,5.

Halbiere eine Zahl und subtrahiere 27, so erhältst du den 4. Teil der Zahl vermehrt um 0,5.

$$\frac{x}{2} - 27 = \frac{x}{4} + 0,5 \quad | +27$$
$$\frac{x}{2} = \frac{x}{4} + 0,25 + 27$$
$$\frac{x}{2} = \frac{x}{4} + 27,25 \quad | -\frac{x}{4}$$
$$\frac{x}{2} - \frac{x}{4} = 27,5$$
$$\frac{x}{4} = 27,5 \quad | \cdot 4$$
$$\frac{x}{4} \cdot 4 = 27,5 \cdot 4$$
$$\underline{x = 110}$$

Wenn ich zum 3. Teil einer Zahl 25 addiere, erhalte ich 38.

Wenn ich zum 3. Teil einer Zahl 25 addiere, erhalte ich 38.

$$\frac{x}{3} + 25 = 38 \quad | -25$$
$$\frac{x}{3} = 38 - 25 \quad | \cdot 3$$
$$\frac{x}{3} \cdot 3 = 13 \cdot 3$$
$$\underline{x = 39}$$

Vermindere das Vierfache einer Zahl um 99, dann erhältst du 33.

Vermindere das Vierfache einer Zahl um 99, dann erhältst du 33.

$$4x - 99 = 33 \quad | +99$$
$$4x = 33 + 99 \quad | :4$$
$$4x : 4 = 132 : 4$$
$$\underline{x = 33}$$

Vermehre den 7. Teil einer Zahl um 16, so heißt das Ergebnis 100.

Vermehre den 7. Teil einer Zahl um 16, so heißt das Ergebnis 100.

$$\frac{x}{7} + 16 = 100 \quad | -16$$
$$\frac{x}{7} = 100 - 16 \quad | \cdot 7$$
$$\frac{x}{7} \cdot 7 = 84 \cdot 7$$
$$\underline{x = 588}$$

Mit welcher Zahl muss man 2,5 multiplizieren, wenn man den Quotienten aus 60 und 1,2 erhalten will?

Mit welcher Zahl muss man 2,5 multiplizieren, wenn man den Quotienten aus 60 und 1,2 erhalten will?

$$\begin{aligned} x \cdot 2{,}5 &= 60 : 1{,}2 \\ 2{,}5x &= 50 \qquad |:2{,}5 \\ 2{,}5x : 2{,}5 &= 50 : 2{,}5 \\ \underline{x &= 20} \end{aligned}$$

Was muss man zum Neunfachen von 12 addieren, wenn man die Differenz aus 208 und 99 erhalten will?

Was muss man zum Neunfachen von 12 addieren, wenn man die Differenz aus 208 und 99 erhalten will?

$$\begin{aligned} 9 \cdot 12 + x &= 208 - 99 \\ 108 + x &= 109 \qquad |-108 \\ x &= 109 - 108 \\ \underline{x &= 1} \end{aligned}$$

Wenn ich zum Dreifachen einer Zahl 15 addiere, erhalte ich 45.

Wenn ich zum Dreifachen einer Zahl 15 addiere, erhalte ich 45.

$$\begin{aligned} 3x + 15 &= 45 \qquad |-15 \\ 3x &= 45 - 15 \\ 3x &= 30 \qquad |:3 \\ \underline{x &= 10} \end{aligned}$$

Vom 4. Teil einer Zahl subtrahiere ich 9 und erhalte das Produkt aus 1,25 und 3,2.

Vom 4. Teil einer Zahl subtrahiere ich 9 und erhalte das Produkt aus 1,25 und 3,2.

$$\begin{aligned} \tfrac{x}{4} - 9 &= 1{,}25 \cdot 3{,}2 \\ \tfrac{x}{4} - 9 &= 4 \qquad |+9 \\ \tfrac{x}{4} &= 4 + 9 \qquad |\cdot 4 \\ \tfrac{x}{4} \cdot 4 &= 13 \cdot 4 \\ \underline{x &= 52} \end{aligned}$$

Vermehre $\frac{5}{6}$ einer Zahl um 18, so erhältst du 82.

Vermehre $\frac{5}{6}$ einer Zahl um 18, so erhältst du 82.

$$\begin{aligned}\frac{5}{6}x + 18 &= 82 & |-18\\ \frac{5}{6}x &= 82 - 18\\ \frac{5}{6}x &= 64 & |:5 \cdot 6\\ \frac{5}{6}x \cdot 6 : 5 &= 64 \cdot 6 : 5\\ x &= 384 : 5\\ \underline{x} &\underline{= 76{,}8}\end{aligned}$$

Wenn ich vom Doppelten einer Zahl 13 subtrahiere, erhalte ich 1.

Wenn ich vom Doppelten einer Zahl 13 subtrahiere, erhalte ich 1.

$$\begin{aligned}2x - 13 &= 1 & |+13\\ 2x &= 1 \cdot 13 & |:2\\ 2x : 2 &= 14 : 2\\ \underline{x} &\underline{= 7}\end{aligned}$$

Der 4. Teil einer Zahl, vermindert um 12, gleicht deren 20. Teil.

Der 4. Teil einer Zahl, vermindert um 12, gleicht deren 20. Teil.

$$\begin{aligned}x : 4 - 12 &= x : 20 & |+12\\ x : 4 &= x : 20 + 12 & |-x:20\\ \tfrac{x}{4} - \tfrac{x}{20} &= 12 & |\cdot 20\\ 5x - x &= 12 \cdot 20\\ 4x &= 240 & |:4\\ \underline{x} &\underline{= 60}\end{aligned}$$

Was muss man von 3,6 subtrahieren, wenn man das Doppelte der gesuchten Zahl erhalten will?

Was muss man von 3,6 subtrahieren, wenn man das Doppelte der gesuchten Zahl erhalten will?

$$\begin{aligned}3{,}6 - x &= 2x & |+x\\ 3{,}6 &= 2x + x\\ 3x &= 3{,}6 & |:3\\ 3x : 3 &= 3{,}6 : 3\\ \underline{x} &\underline{= 1{,}2}\end{aligned}$$

Wenn du zum 4. Teil einer Zahl 5 addierst, bekommst du 20 weniger als die Hälfte dieser Zahl.

Wenn du zum 4. Teil einer Zahl 5 addierst, bekommst du 20 weniger als die Hälfte dieser Zahl.

$$\begin{aligned} x:4+5 &= x:2-20 \quad &|+20 \\ x:4+5+20 &= x:2-20+20 \\ \tfrac{x}{4}+25 &= \tfrac{x}{2}-20+20 \\ \tfrac{x}{4}+25 &= \tfrac{x}{2} \quad &|-\tfrac{x}{4} \\ \tfrac{x}{4}-\tfrac{x}{4}+25 &= \tfrac{x}{2}-\tfrac{x}{4} \\ 25 &= \tfrac{x}{4} \quad &|\cdot 4 \\ 25\cdot 4 &= \tfrac{x}{4}\cdot 4 \\ x &= \underline{100} \end{aligned}$$

Vermindere das Fünffache einer Zahl um 60, dann erhältst du das Doppelte dieser Zahl, vermehrt um 90.

Vermindere das Fünffache einer Zahl um 60, dann erhältst du das Doppelte dieser Zahl, vermehrt um 90.

$$\begin{aligned} 5x-60 &= 2x+90 \quad &|+60 \\ 5x &= 2x+90+60 \quad &|-2x \\ 5x-2x &= 2x+150-2x \\ 3x &= 150 \\ x &= \underline{50} \end{aligned}$$

Das 1,2fache einer Zahl ist um 18 größer als $\tfrac{3}{4}$ dieser Zahl.

Das 1,2fache einer Zahl ist um 18 größer als $\tfrac{3}{4}$ dieser Zahl.

$$\begin{aligned} 1{,}2x-18 &= \tfrac{3}{4}x \quad &|+18 \\ 1{,}2x-18+18 &= \tfrac{3}{4}x+18 \\ 1{,}2x &= \tfrac{3}{4}x+18 \quad &|-\tfrac{3}{4}x \\ 1{,}2x-\tfrac{3}{4}x &= \tfrac{3}{4}x+18-\tfrac{3}{4}x \\ 0{,}45x &= 18 \quad &|:0{,}45 \\ 0{,}45x:0{,}45 &= 18:0{,}45 \\ x &= \underline{40} \end{aligned}$$

Vermindere eine Zahl um deren Hälfte und ihren 3. Teil, so heißt die Differenz 1,2.

Vermindere eine Zahl um deren Hälfte und ihren 3. Teil, so heißt die Differenz 1,2.

$$\begin{aligned} x-\tfrac{x}{2}-\tfrac{x}{3} &= 1{,}2 \quad &|\text{erweitert(!) auf 6tel} \\ \tfrac{6x}{6}-\tfrac{3x}{6}-\tfrac{2x}{6} &= 1{,}2 \\ --\tfrac{1x}{6} &= 1{,}2 \quad &|\cdot 6 \\ \tfrac{6x}{6} &= 1{,}2\cdot 6 \\ x &= \underline{7{,}2} \end{aligned}$$

112

Welche Zahl ergibt, mit 1,6 multipliziert, 2,4?	Welche Zahl ergibt, mit 1,6 multipliziert, 2,4? $x \cdot 1{,}6 = 2{,}4$ \quad |: 1,6 $x \cdot 1{,}6 : 1{,}6 = 2{,}4 : 1{,}6$ $\underline{x = 1{,}5}$
Vermindere das Doppelte einer Zahl um 4, so erhältst du 9.	Vermindere das Doppelte einer Zahl um 4, so erhältst du 9. $2x - 4 = 9$ \quad |+ 4 $2x - 4 + 4 = 9 + 4$ $2x = 13$ \quad |: 2 $2x : 2 = 13 : 2$ $\underline{x = 6{,}5}$
Wenn du den 3. Teil einer Zahl um 19 vermehrst, heißt das Ergebnis 22.	Wenn du den 3. Teil einer Zahl um 19 vermehrst, heißt das Ergebnis 22. $x : 3 + 19 = 22$ \quad |− 19 $x : 3 + 19 - 19 = 22 - 19$ $x : 3 = 3$ \quad |· 3 $x : 3 \cdot 3 = 3 \cdot 3$ $\underline{x = 9}$
Wenn du zu einer Zahl deren Hälfte addierst und 16 abziehst, erhältst du den Quotienten aus 21 und 1,5.	Wenn du zu einer Zahl deren Hälfte addierst und 16 abziehst, erhältst du den Quotienten aus 21 und 1,5. $x + \frac{x}{2} - 16 = 21 : 1{,}5$ $1{,}5x - 16 = 14$ \quad |+ 16 $1{,}5x - 16 + 16 = 14 + 16$ $1{,}5x = 30$ \quad |: 1,5 $1{,}5x : 1{,}5 = 30 : 1{,}5$ $\underline{x = 20}$

Wenn ich meine gedachte Zahl vom Unterschied der Zahlen 80 und 20 abziehe, erhalte ich um 10 weniger als 65.

Wenn ich meine gedachte Zahl vom Unterschied der Zahlen 80 und 20 abziehe, erhalte ich um 10 weniger als 65.

$$
\begin{aligned}
(80 - 20) - x &= 65 - 10 \\
80 - 20 - x &= 55 \\
60 - x &= 55 \quad | + x - 55 \\
60 - 55 &= x \\
x &= 5
\end{aligned}
$$

Wenn ich 70 um meine gedachte Zahl vermehre und vom Ergebnis das Doppelte von 25 subtrahiere, erhalte ich die Hälfte von 100.

Wenn ich 70 um meine gedachte Zahl vermehre und vom Ergebnis das Doppelte von 25 subtrahiere, erhalte ich die Hälfte von 100.

$$
\begin{aligned}
(70 + x) - 2 \cdot 25 &= 100 : 2 \\
70 + x - 50 &= 50 \quad | + 50 - 70 \\
x &= 50 + 50 - 70 \\
x &= 30
\end{aligned}
$$

Heiner sagt: „In drei Jahren bin ich doppelt so alt wie ich vor 5 Jahren war." Wie alt ist Heiner?

Heiner sagt: „In drei Jahren bin ich doppelt so alt wie ich vor 5 Jahren war." Wie alt ist Heiner?

$$
\begin{aligned}
x + 3 &= (x - 5) \cdot 2 \\
x + 3 &= 2x - 10 \quad | - x \\
3 &= x - 10 \quad | + 10 \\
x &= 13
\end{aligned}
$$

Wenn ich eine Zahl um 7 vermindere und die Differenz mit 5 multipliziere, so erhalte ich halb so viel wie das Dreifache dieser Zahl.

Wenn ich eine Zahl um 7 vermindere und die Differenz mit 5 multipliziere, so erhalte ich halb so viel wie das Dreifache dieser Zahl.

$$
\begin{aligned}
(x - 7) \cdot 5 &= 3x : 2 \\
5x - 35 &= 1{,}5x \quad | - 1{,}5x + 35 \\
5x - 1{,}5x &= 35 \\
3{,}5x &= 35 \quad | : 3{,}5 \\
x &= 35 : 3{,}5 \\
x &= 10
\end{aligned}
$$

Addiere zu einer Zahl 7, multipliziere die Summe mit 3, subtrahiere 7, halbiere das Ergebnis, dann erhältst du 28.	Addiere zu einer Zahl 7, multipliziere die Summe mit 3, subtrahiere 7, halbiere das Ergebnis, dann erhältst du 28. $[(x + 7) \cdot 3 - 7] : 2 = 28$ $(3x + 21 - 7) : 2 = 28 \quad \vert \cdot 2$ $3x + 21 - 7 = 28 \cdot 2 = 56 \quad \vert - 14$ $3x = 56 - 14 = 42$ $x = 42 : 3 \quad \vert : 3$ $\underline{x = 14}$
Wenn ich 20 von meiner gedachten Zahl abziehe und das Ergebnis von 80 subtrahiere, erhalte ich um 10 mehr als 65.	Wenn ich 20 von meiner gedachten Zahl abziehe und das Ergebnis von 80 subtrahiere, erhalte ich um 10 mehr als 65. $80 - (x - 20) = 65 + 10$ $80 - x + 20 = 75$ $100 - x = 75 \quad \vert + x$ $100 = 75 + x \quad \vert - 75$ $x = 100 - 75$ $\underline{x = 25}$
Wenn du zu einer Zahl dreimal nacheinander 5 addierst und dann das Ergebnis halbierst, so bekommst du 15.	Wenn du zu einer Zahl dreimal nacheinander 5 addierst und dann das Ergebnis halbierst, so bekommst du 15. $(x + 5 + 5 + 5) : 2 = 15$ $(x + 15) : 2 = 15 \quad \vert \cdot 2$ $x + 15 = 15 \cdot 2 \quad \vert - 15$ $x = 30 - 15$ $\underline{x = 15}$
Wenn ich meine gedachte Zahl um 20 verkleinere und zum Ergebnis 100 addiere, erhalte ich den dritten Teil von 315.	Wenn ich meine gedachte Zahl um 20 verkleinere und zum Ergebnis 100 addiere, erhalte ich den dritten Teil von 315. $x - 20 + 100 = 315 : 3$ $x + 80 = 105 \quad \vert - 80$ $x = 105 - 80$ $\underline{x = 25}$

15 Rechnen mit Hilfe des Speichers – Aufgaben für die Rechentasche

Der Speicher hilft uns beim Rechnen mit den Rechenregeln!

Herstellung einer Aufgabentasche:

Dazu braucht man zweimal festen Karton in DIN A4 und zwei Kartonstreifen 1 cm × 20 cm. Die Kartonstreifen werden als Abstandhalter zwischen den beiden Längsseiten des Kartons aufgeklebt. Auch die Aufgabenkarten werden zur Stabilisierung auf Karton geklebt und foliert.

Anleitung:

Hier lernst du, mit dem Speicher deines Taschenrechners umzugehen.
Wenn du mit dieser Aufgabentasche arbeitest, schiebe die Aufgabenkarte zeilenweise nach oben durch die Aufgabentasche. Löse die Aufgabe schrittweise und gib Entsprechendes in deinen Taschenrechner ein. Die Aufgabenstellung ist für dich immer sichtbar, jede Lösungszeile solltest du erst zur Kontrolle sichtbar machen.

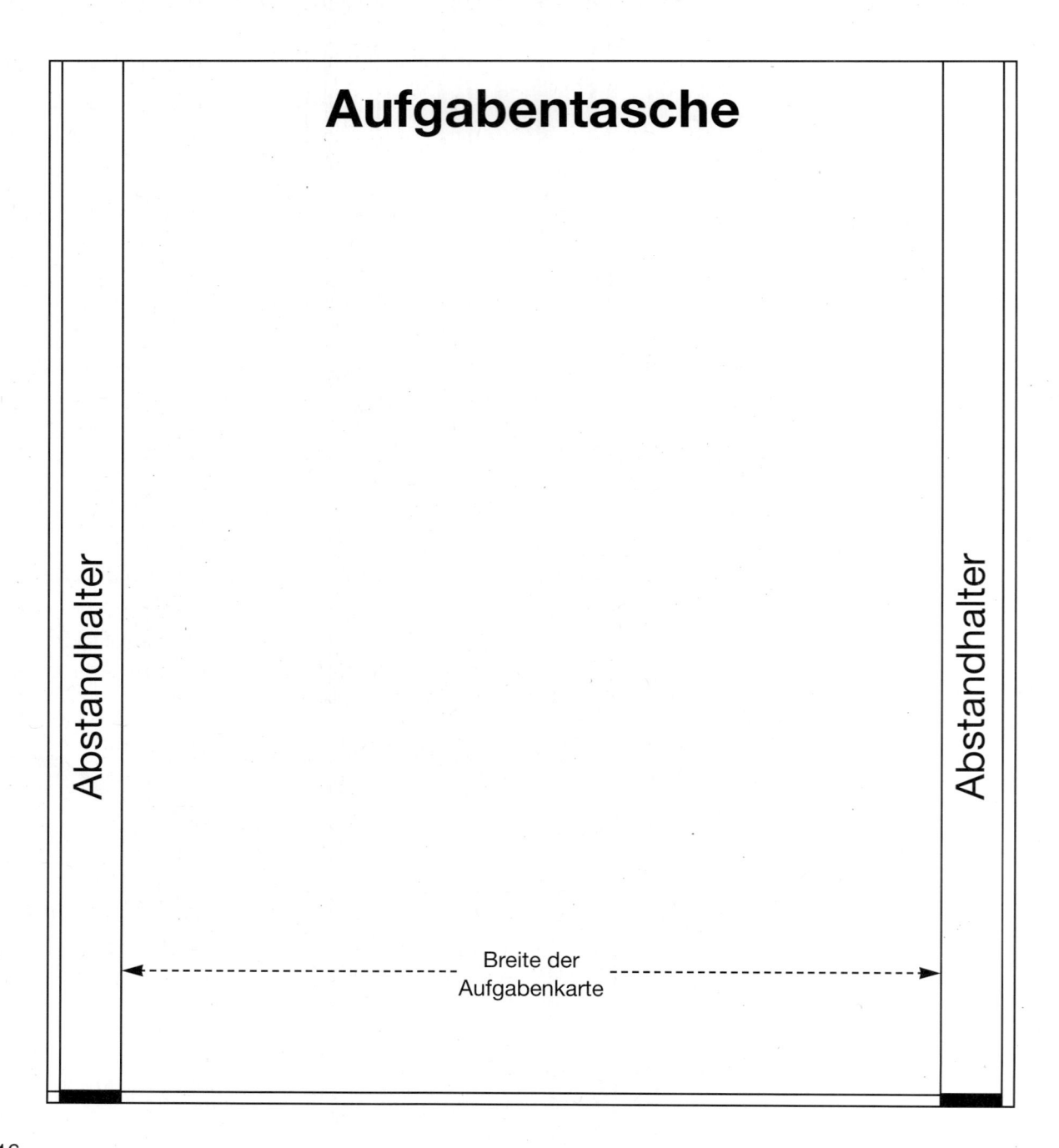

45,8 – 3,4 · 2,01	
45,8 in den Speicher	45,8 M+
Multiplikation durchführen	3,4 · 2,01
vom Speicher abziehen	M–
Speicherrückruf	MR
Ergebnis	38,966

(39,7 – 18,3) + 47,6 : 17	
Klammer ausrechnen	39,7 – 18,3
Ergebnis in den Speicher	M+
Division durchführen	47,6 : 17
zum Speicher dazuzählen	M+
Speicherrückruf	MR
Ergebnis	24,2

36,81 : 0,9 – 2,03	
Division durchführen	36,81 : 0,9
2,03 abziehen	– 2,03 =
Ergebnis	38,87

12,89 – 10,96 : 6,4	
12,89 in den Speicher	12,89 M+
Punkt vor Strich	10,96 : 6,4
vom Speicher abziehen	M–
Speicherrückruf	MR
Ergebnis	11,1775

91,2 : 5,7 + 7,47 : 0,18	
1. Division	91,2 : 5,7
Ergebnis in den Speicher	M+
2. Division	7,47 : 0,18
zum Speicher dazuzählen	M+
Speicherrückruf	MR
Ergebnis	57,5

86,4 − 55,88 : 4,4 + 3,25	
86,4 in den Speicher	86,4 M+
Punkt vor Strich	55,88 : 4,4
vom Speicher abziehen	M−
3,25 zum Speicher dazuzählen	3,25 M+
Speicherrückruf	MR
Ergebnis	76,95

504,3 + 202,39 : 3,7 − 81,122 : 9,4	
504,3 in den Speicher	504,3 M+
1. Division durchführen	202,39 : 3,7
zum Speicher dazuzählen	M+
2. Division durchführen	81,122 : 9,4
vom Speicher abziehen	M−
Speicherrückruf	MR
Ergebnis	550,37

23 · (17 + 81) − 2 239	
Klammer hat Vorfahrt!	17 + 81
mit 23 multiplizieren	· 23
davon 2 239 subtrahieren	− 2 239 =
Ergebnis	15

22 · (3,45 + 2,75) − 18,6	
Klammer ausrechnen	3,45 + 2,75
Ergebnis mit 22 multiplizieren	· 22
davon 18,6 abziehen	− 18,6 =
Ergebnis	117,8

16,7 · 8,1 + 0,6 · 1,3	
Punkt vor Strich	16,7 · 8,1
Ergebnis in den Speicher	M+
Punkt vor Strich	0,6 · 1,3
zum Speicher dazuzählen	M+
Speicherrückruf	MR
Ergebnis	136,05

4,2 · (8,4 − 5,54) − 5,01	
Klammer ausrechnen	8,4 − 5,54
mit 4,2 multiplizieren	· 4,2
davon 5,01 abziehen	− 5,01 =
Ergebnis	7,002

36 355 : (5 683 − 186 · 27)	
5 683 in den Speicher	5 683 M+
Punkt in der Klammer ausrechnen	186 · 27
die Zahl vom Speicher abziehen	M−
im Speicher ist das Ergebnis der Klammer	MR
Division durchführen	36 355 : MR =
Ergebnis	55

12 · (26 + 17) − (180 + 314)	
1. Klammer	26 + 17 =
Multiplikation	· 12
Zahl speichern	M+
2. Klammer	180 + 314
Zahl vom Speicher abziehen	M−
Speicherrückruf	MR
Ergebnis	22

31,5 − 1,2 · (8,56 + 4,02)	
31,5 in den Speicher	31,5 M+
Klammer ausrechnen	8,56 + 4,02
das Ergebnis mit 1,2 multiplizieren	· 1,2
vom Speicher abziehen	M−
Ergebnis abfragen Speicherrückruf	MR
Ergebnis	16,404

11,4 : (6,7 + 4,7)	
Klammer ausrechnen	6,7 + 4,7
Ergebnis in den Speicher	M+
Dividend eingeben	11,4
geteilt durch Speicher	: MR
Ergebnis	1

16 Zuordnungsaufgaben: Ordne dem Text die richtige Gleichung zu!

Bei diesem Spiel geht es ausschließlich darum, dem Text die richtige Gleichung zuzuordnen. Vorteilhaft ist es, die „Textblöcke" (A, B, C, D, E, F, G, H) auf verschiedenfarbigen Karton zu kleben. Die dazugehörigen Gleichungen werden auf Karton derselben Farbe aufgeklebt, allerdings in Einzelstreifen zerschnitten. Auf die Rückseite der Streifen wird zur Kontrolle die entsprechende Aufgabennummer (A_1, A_2, ...) geschrieben.

A_1	Dividiert man eine Zahl durch 7 und subtrahiert davon 29, erhält man 37.	$x : 7 - 9 = 37$
A_2	Bilde die Summe aus 7 und 29, dann erhältst du das Produkt aus einer Zahl und 37.	$7 + 29 = x \cdot 37$
A_3	Das Produkt aus 7 und einer Zahl vermindert um 29 ergibt 37.	$7 \cdot x - 29 = 37$
A_4	Die Summe aus 7 und dem Produkt aus einer Zahl und 29 ergibt 37.	$7 + x \cdot 29 = 37$
A_5	Multipliziere 37 mit einer Zahl und addiere 7, so bekommst du als Ergebnis 29.	$37 \cdot x + 7 = 29$

B_1	Dividiert man eine Zahl durch 23 und subtrahiert davon 17, so erhält man die Differenz aus 17,8 und 7,8.	$x : 23 - 17 = 17{,}8 - 7{,}8$
B_2	Subtrahiert man vom 23fachen einer Zahl 17, so erhält man die Summe aus 17,8 und 7,8.	$23 \cdot x - 17 = 17{,}8 + 7{,}8$
B_3	Die Summe aus einer gedachten Zahl und 23 vermindert um 17 ergibt den Unterschied zwischen 17,8 und 7,8.	$x + 23 - 17 = 17{,}8 - 7{,}8$
B_4	Addiert man zur Differenz aus einer gedachten Zahl und 23 die Zahl 17, so erhält man das Produkt aus 17,8 und 7,8.	$(x - 23) + 17 = 17{,}8 \cdot 7{,}8$
B_5	Das Produkt aus 17 und der Differenz von 23 und einer gedachten Zahl ist genauso viel, wie die Summe aus 17,8 und 7,8.	$17 \cdot (23 - x) = 17{,}8 + 7{,}8$

C_1	Wenn man den Quotienten aus einer Zahl und 4,5 bildet und anschließend 23,8 addiert, erhält man genauso viel, wie wenn man die Summe aus 32,9 und 8,9 bildet.	$x : 4,5 + 23,8 = 32,9 + 8,9$
C_2	Addiere eine Zahl zum Quotienten aus 23,8 und 4,5, so erhältst du 32,9 mehr als 8,9.	$23,8 : 4,5 + x = 8,9 + 32,9$
C_3	Finde das Produkt aus 23,8 und 4,5 und vermindere es um die gedachte Zahl, so erhältst du die Differenz aus 32,9 und 8,9.	$23,8 \cdot 4,5 - x = 32,9 - 8,9$
C_4	Teile eine Zahl durch die Summe aus 23,8 und 4,5, so erhältst du den Unterschied zwischen 32,9 und 8,9.	$x : (23,8 + 4,5) = 32,9 - 8,9$
C_5	Die Summe aus 23,8 und 4,5 vermindert um eine Zahl ergibt die Summe aus 32,9 und 8,9.	$(23,8 + 4,5) - x = 32,9 + 8,9$

D_1	Das Produkt aus einer Zahl und 2,3 vermindert um 4,85 ergibt den Quotienten aus 7,04 und 2,2.	$x \cdot 2,3 - 4,85 = 7,04 : 2,2$
D_2	Das 4,85fache einer Zahl vermindert um 2,3 ergibt den Quotienten aus 7,04 und 2,2.	$4,85 \cdot x - 2,3 = 7,04 : 2,2$
D_3	Addiert man zum Produkt aus 2,3 und einer gedachten Zahl 4,85, so erhält man die Differenz aus 7,04 und 2,2.	$2,3 \cdot x + 4,85 = 7,04 - 2,2$
D_4	Das Produkt aus 4,85 und 2,3 vermindert um eine gedachte Zahl ist genauso viel, wie die Summe aus 7,04 und 2,2.	$4,85 \cdot 2,3 - x = 7,04 + 2,2$
D_5	Eine gedachte Zahl vermindert um das Produkt aus 4,85 und 2,3 ergibt so viel wie die Summe aus 7,04 und 2,2.	$x - 4,85 \cdot 2,3 = 7,04 + 2,2$

E_1	Dividiert man eine Zahl durch 6,5 und subtrahiert davon 4,5, erhält man das Produkt aus 3,4 und 6,2.	$x : 6,5 - 4,5 = 3,4 \cdot 6,2$
E_2	Bilde die Summe aus 6,5 und 4,5, vermindere sie um eine gedachte Zahl, so erhältst du das 3,4fache von 6,2.	$(6,5 + 4,5) - x = 3,4 \cdot 6,2$
E_3	Das Produkt aus 6,5 und einer gedachten Zahl vermindert um 4,5 ergibt die Differenz aus 6,2 und 3,4.	$6,5 \cdot x - 4,5 = 6,2 - 3,4$
E_4	Multipliziere eine Zahl mit der Summe aus 6,5 und 4,5, so erhältst du das Produkt aus 3,4 und 6,2.	$x \cdot (6,5 + 4,5) = 3,4 \cdot 6,2$
E_5	Multipliziere eine Zahl mit 4,5 und addiere 6,5, so bekommst du als Ergebnis das Produkt aus 3,4 und 6,2.	$x \cdot 4,5 + 6,5 = 3,4 \cdot 6,2$

F_1	Wenn man eine Zahl durch 3 dividiert und dann 26 subtrahiert, erhält man ebenso viel, wie wenn man das Produkt aus 4,5 und 6 bildet.	$x : 3 - 26 = 4,5 \cdot 6$
F_2	Multipliziert man 3 mit einer Zahl und vermindert dieses Produkt um 26, so erhält man das 6fache von 4,5.	$3 \cdot x - 26 = 6 \cdot 4,5$
F_3	Addiert man eine Zahl zur Differenz aus 26 und 3, so ist das genauso viel wie die Summe aus 6 und 4,5.	$x + (26 - 3) = 6 + 4,5$
F_4	Die Summe aus 3, einer Zahl und 26 ergibt das 4,5fache von 6.	$3 + x + 26 = 4,5 \cdot 6$
F_5	Multipliziere 6 mit einer Zahl und addiere 26, so bekommst du das 4fache von 6,5.	$6 \cdot x + 26 = 4 \cdot 6,5$

G_1	Das Dreifache einer Zahl vermindert um 7 ergibt die Summe aus 5,6 und 3,4.	$3 \cdot x - 7 = 5{,}6 + 3{,}4$
G_2	Multipliziere eine Zahl mit der Differenz aus 7 und 3, so erhältst du die Summe aus 5,6 und 3,4.	$x \cdot (7 - 3) = 5{,}6 + 3{,}4$
G_3	Addiere zum Dreifachen einer Zahl 7, so bekommst du das Produkt aus 5,6 und 3,4.	$3 \cdot x + 7 = 5{,}6 \cdot 3{,}4$
G_4	Der Quotient aus einer Zahl und 3 wird um 7 vermindert, um die Summe aus 5,6 und 3,4 zu erhalten.	$x : 3 - 7 = 5{,}6 + 3{,}4$
G_5	Das Dreifache einer Zahl vermehrt um 7 ergibt die Summe aus 5,6 und 3,4.	$3 \cdot x + 7 = 5{,}6 + 3{,}4$

H_1	Das 5fache einer Zahl vermindert um 22 ergibt die Differenz aus 39,8 und 8,8.	$5 \cdot x - 22 = 39{,}8 - 8{,}8$
H_2	Das 5fache der Differenz aus einer Zahl und 22 ergibt so viel wie das Produkt aus 39,8 und 8,8.	$5 \cdot (x - 22) = 39{,}8 \cdot 8{,}8$
H_3	Dividiert man eine Zahl durch 5 und subtrahiert davon 22, so erhält man die Summe aus 39,8 und 8,8.	$x : 5 - 22 = 39{,}8 + 8{,}8$
H_4	Ein Vielfaches der Summe aus 5 und 22 ergibt das Produkt aus 39,8 und 8,8.	$x \cdot (5 + 22) = 39{,}8 \cdot 8{,}8$
H_5	Das 22fache einer Zahl vermehrt um 5 ergibt die Summe aus 39,8 und 8,8.	$22 \cdot x + 5 = 39{,}8 + 8{,}8$

17 Zuordnungsspiel mit Schnappkärtchen: Aufgaben zum Prozentrechnen (GW – PW – p)

Welche drei Kärtchen gehören zusammen? (Schnappkärtchen in drei Farben)

Drei gehören zusammen! Zuordnungsspiel!

Du darfst deinen Taschenrechner benutzen!

Legt alle Kärtchen auf und versucht herauszufinden, welche Kärtchen zusammengehören! Jeder, der ein „Trio" zusammengestellt hat, schnappt sich die drei Kärtchen und überprüft auf der Rückseite mit Hilfe des Lösungswortes die Richtigkeit.

Wer die meisten Trios errechnet hat, ist Sieger.

Um die Wette! Auf die Plätze, fertig, los!

	Grün GW =	Rot p =	Gelb PW =
V	125	15%	18,75
R	Ta-	schen-	tuch
V	249	8,5%	21,165
R	Brief-	pa-	pier
V	198	13,5%	26,73
R	Frei-	ar-	beit
V	605	5,8%	35,09
R	Glüh-	bir-	ne
V	587	45%	264,15
R	Schul-	ta-	sche
V	376	11,3%	42,488
R	Al-	pen-	glühn
V	480	9,9%	47,52
R	Be-	rufs-	wahl
V	768	56%	430,08
R	Blu-	men-	stock
V	982	44,4%	436,008
R	Schnee-	witt-	chen
V	811	62%	502,82
R	Au-	to-	bahn

Raum für Notizen

Raum für Notizen